INDUSTRIE DES CAFRES

DU SUD-EST DE L'AFRIQUE.

INDUSTRIE DES CAFRES DU SUD-EST DE L'AFRIQUE.

COLLECTION RECUEILLIE SUR LES LIEUX

ET

NOTICE ETHNOGRAPHIQUE

PAR

HENDRIK P. N. MULLER,

Membre du Comité général de la Société royale néerlandaise de Géographie,
Membre correspondant de la Société royale de Géographie d'Anvers,
Associé de la Société royale de Géographie de Londres,
etc. etc.

DESCRIPTION DES OBJETS REPRÉSENTÉS

PAR

JOH. F. SNELLEMAN,

Ancien membre de l'expédition scientifique envoyée à Sumatra par la Société royale néerlandaise de Géographie,
Médaille de 2me classe du Congrès international de Géographie de Venise.
etc. etc.

LEYDE. — E. J. BRILL.

Imprimerie de E. J. BRILL, à Leyde.

RESPECTUEUSEMENT DÉDIÉ

à Sa Majesté Très Fidèle

DOM CARLOS I.

Roi de Portugal et des Algarves, en-deça et au-delà de la mer en Afrique,
Seigneur de la Guinée etc., etc., Duc de Bragance, Duc de Saxe, etc., etc.

PAR

LES AUTEURS.

TABLE DES MATIÈRES.

NOTICE ETHNOGRAPHIQUE.

AVANT-PROPOS.

Le Sud-Est de l'Afrique est resté jusqu'à présent assez mal connu sous le rapport de l'industrie des habitants, et cela nous a fait résoudre d'essayer de publier des images, accompagnées d'une description, des objets rapportés d'Afrique par M. Muller. Nous fûmes amenés par la force des choses à nous préoccuper aussi de ce que notre pays pouvait receler de relatif à la côte sud-est et par conséquent de nature à compléter avantageusement la publication que nous avions eue d'abord en vue. Nous cherchâmes, et nous trouvâmes plusieurs choses. Le musée national d'ethnographie de Leyde, le musée ethnographique de la Société zoologique *Natura Artis Magistra* d'Amsterdam, celui du jardin zoologique de Rotterdam et le musée géographique et ethnographique qui occupe à Rotterdam le bâtiment de l'ancien Yacht-club, nous prêtèrent pour quelque temps les objets dont nous avions besoin, et en outre MM. A. J. Remy, B. van Hees et M. de Heer, ce dernier actuellement défunt, voulurent bien nous confier leurs collections particulières pour en faire l'usage qui nous paraîtrait convenable. Nous nous faisons un devoir et un plaisir d'exprimer ici notre reconnaissance pour la grande complaisance dont nous avons ainsi été l'objet de la part des administrateurs de ces musées et des propriétaires de ces collections.

L'opinion que nous exprima un homme expert en ces matières, M. J. D. E. Schmeltz, conservateur du musée national d'ethnographie de Leyde et rédacteur des *Archives internationales d'ethnographie* [1]), nous confirma dans la pensée que la publication que nous projetions ne serait pas entièrement sans importance pour la science ethnographique. »La collection elle-même, nous écrivait-il, est des plus intéressantes et renferme assez de matière pour écrire un second *Artis africanae*". Le lecteur aura la bonté de croire que

---

1) Internationales Archiv für Ethnographie.

nous ne nous sommes pas là-dessus figuré que nous-mêmes nous allions produire l'ouvrage où se complaisait déjà l'imagination de M. Schmeltz et nous poser en émules d'un Schweinfurth. Aucun de nous deux n'est homme du métier; ni l'un, ni l'autre de nous n'a été »nourri dans le sérail" ethnographique, et par conséquent notre *Industrie des Cafres du Sud-Est de l'Afrique* est un ouvrage sans aucune prétention.

Cette industrie des cafres que nous voulons mieux faire connaître est depuis fort longtemps ce qu'elle se trouve encore être maintenant, et s'il ne fallait tenir compte que du caractère foncièrement conservateur de ces gens primitifs, il n'y aurait à prévoir pour un long avenir aucun caprice dans les modes qui règlent la construction des armes, la coupe des vêtements, la forme des meubles et ustensiles. Tant qu'ils continueront à fabriquer eux-mêmes ce dont ils ont besoin, chacun d'entre eux s'en tiendra à la routine que son père et son grand-père ont suivie. Ce qui maintenant est pour eux »fin de siècle" l'était déjà il y a cent ans '). Pourtant ils ne poussent pas ce conservatisme à ce point qu'ils continuent à confectionner de leurs mains les objets que l'Europe leur envoie à meilleur compte et plus beaux, du moins dans leur estime, et il est à craindre que l'industrie des cafres ne disparaisse peu à peu, supplantée par les produits européens. Déjà maintenant on peut constater chez les indigènes qui habitent la côte, et qui achètent au lieu de fabriquer, une habileté moindre que chez leurs congénères de l'intérieur. Le moment viendra où il n'y aura plus que dans les musées et collections privées des armes et des ustensiles de provenance vraiment indigène.

Il n'y a cependant que bien peu de personnes qui puissent aller de musée en musée pour prendre par elles-mêmes connaissance des objets qui se trouvent dans chaque collection, et l'on peut dire que ceux-ci n'atteignent vraiment leur complète utilité que lorsqu'on en publie des dessins et des descriptions. De là notre détermination de publier, dans l'intérêt de la science, le présent ouvrage, nous résignant, en même temps que les éditeurs, aux sacrifices financiers qui en résulteront.

Nous avons obtenu pour cette tâche le concours tout particulièrement précieux de M. C. M. Pleyte, conservateur du musée ethnographique de

---

') Le musée ethnographique de Copenhague possède une peinture (N°. 125) de la moitié du 17e siècle, représentant un Indien Potacho du Brésil, dont les armes sont de tout point conformes à celles, datant de l'époque actuelle, que le musée possède (N°. 126).

Natura Artis Magistra à Amsterdam, qui a bien voulu se charger du soin fastidieux de relire les descriptions des objets représentés sur nos planches, et de les retoucher au besoin. Nous lui devons beaucoup; néanmoins il serait injuste de lui imposer aucune responsabilité pour ce qui se trouve dans nos pages; c'est à nous seuls qu'il faudra imputer les inexactitudes que l'on pourrait y découvrir.

Nous prions aussi le lecteur de retenir le fait que notre but principal a été de faire connaître au moyen du dessin et de la description les objets à notre portée, sans aborder dans la règle le terrain des comparaisons. Si nous l'avons fait néanmoins parfois, fort discrètement, c'est à titre tout à fait exceptionnel, des ressemblances ou des différences frappantes se présentant d'elles-mêmes à nous, surtout à l'occasion des notes rapportées par M. Muller de ses voyages dans le Nord, le Sud [1]), l'Est et l'Ouest du continent noir.

---

1) Voy. *Zuid-Afrika* par Hendrik P. N. Muller, chez A. W. Sijthoff, Leyde.

NOTICE SUR LES INDIGÈNES DU SUD-EST DE L'AFRIQUE.

Tout en maintenant ce que nous venons de dire du but descriptif restreint que nous nous sommes proposé, il nous semble utile d'entrer ici dans quelques détails au sujet des gens qui ont confectionné ou chez lesquels on a trouvé les objets que nous décrivons, pour ensuite dire aussi quelque-chose de la collection elle-même qui a donné lieu à notre publication.

Les objets qui la composent ont été recueillis dans la partie orientale de l'Afrique, entre le 10ᵉ et le 30ᵉ degré de latitude sud, surtout dans la colonie de Mozambique, et c'est tout spécialement à la connaissance ethno-graphique de cette province de l'empire portugais et des nouveaux territoires anglais situés derrière que nous désirons contribuer. Si nous donnons néan-moins quelques objets provenant de contrées situées plus au sud ou même d'endroits fort éloignés, c'est qu'ils nous ont paru intéressants à comparer avec des objets analogues originaires de Mozambique; le fait seul qu'un objet se trouve représenté sur nos planches ne doit donc pas faire conclure qu'il appartient au Sud-Est de l'Afrique.

C'est le bassin du Zambèze qui a fourni de beaucoup la majeure partie des objets représentés. Quand notre description est suivie, comme indication de la provenance, du mot de Zambèze, sans spécification, il faut entendre par là la partie du fleuve qui s'étend de l'embouchure jusqu'à Tête.

Le nom de *cafres* est celui qui nous a semblé le plus exact pour désigner les habitants des contrées sur lesquelles porte notre étude. Quant à la division du pays et au groupement des tribus qui l'habitent, on en trouvera l'indication, par approximation, dans les cartes relatives à l'Afrique de l'atlas de Habenicht ¹). Presque tous les noms mentionnés dans nos des-criptions s'y trouvent.

---

¹) Chez Justus Perthes. Gotha, feuilles 8 et 10 et supplément (*Ethnogr. Uebersicht*).

Les tribus chez lesquelles les objets représentés par nous ont été fabriqués [1]) sont, en allant de l'ouest à l'est, et en remontant du sud au nord, les Betchouanas [2]), avec les Basoutos, qui en sont une branche et qui habitent les républiques hollandaises et les contrées environnantes, les Souasis et les Amatongas, en arrière de la baie de Delagoa; au nord du Limpopo, les Matabilis et, plus à l'est, les M'zillas et les Landines, toutes tribus de la race zoulou; ensuite, au sud du Zambèze, les Banhais (entre la Kafoué, affluent du Zambèze et Tête), les Machonas [3]) et les Baroués; au nord du Zambèze, depuis le confluent du Chiré jusqu'à la moitié du lac Nyassa, les Mangandjas avec leurs subdivisions. Il faut toutefois remarquer que ces cafres eux-mêmes ne se désignent guère par ces noms; ils préfèrent s'appeler d'après leurs chefs, souvent d'après plusieurs et en variant les dénominations. C'est le cas surtout au Zambèze. Nous avons pour cela évité dans ces pages autant que cela pouvait se faire l'emploi de noms de tribus et de familles.

Les cartes, disions-nous, donnent *approximativement* la demeure des diverses tribus. Elles ne peuvent pas faire mieux, la population du Sud-Est de l'Afrique étant sujette aux migrations; on n'est point certain de retrouver au bout de quelques années une tribu à l'endroit où l'on a inscrit son nom quand elle l'habitait réellement.

Prenons, par exemple, les M'zillas. Il y a un demi-siècle ils appartenaient à l'empire des Zoulous, qui alors habitaient le pays de Natal actuel. Leur capitaine Manicoussé s'attira le courroux du chef suprême des Zoulous, Dineghane, le même qui en 1836 a fait massacrer les Boers sous Piet Retief près de Mgoungounthlova (actuellement Pietermaritzburg, capitale de Natal). Manicoussé s'enfuit de l'autre côté du Limpopo et s'établit dans la contrée appelée pays de Gaza, où il fonda un puissant royaume devenu fort redoutable sous son fils M'zilla. Les sujets de celui-ci portent le nom

---

1) Comp., pour le district de *Cabo Delgado, Africa Oriental Portugueza* por H. O'Neill (*Boletim da Soc. de Geogr. de Lisboa* 3ᴬ Série Nᵒ 4 et 5); pour le pays de *Manica*, le bulletin de la même Société, 1882. 3ᵉ Série Nᵒ 1, page 57 et Nᵒ 2, page 70; et pour le Sud de la colonie: *De Inhambane a Lourenço-Marques* por Armando Longle (Bulletin de la même Société, 1886, page 13).

2) Il y a aussi des tribus de la race Betchouane qui vivent maintenant entre le Limpopo (Inyampoura) et le Zambèse (Comp. Hartmann, *Die Nigritier* page 415). p. ex. les Makalakkas. Le Dr. Fr. Ratzel, dans son ouvrage *Die Naturvölker Afrika's*, place ces derniers sur le Zambèse, mais E. de Vasconcellas (*As Colonias Portuguezas*, année 1888) parle d'eux comme vivant plus au sud. La *Vossische Zeitung*, Edition du dimanche, Nᵒ 6 Page 24, année 1872, ainsi que Hartmann dans l'ouvrage que nous venons de citer, page 37, disent qu'ils se trouvent à *Zimbabye*, juste à l'occident (*gerade westlich*) de Sofalla.

3) Voy. dans la *Fortnightly Review* de 1889 un article de F. C. Selous.

de leur chef le plus célèbre, comme cela est souvent le cas au Sud et dans l'Est de l'Afrique, et aussi par exemple chez les Mondombés [1]); on les appelle aussi les Vatuas. Actuellement ils sont gouvernés par le fils de M'zilla, Moundoungazi, qui a pris le nom de Gougounyana [2]), en portugais Gugunhana. Il y a quelques années il a noué des relations avec les Portugais, puis, récemment, avec les Anglais. Les M'zillas sont très redoutés des Zoulous, comme M. Muller a pu s'en assurer, par exemple, sur les bords du Zambèze et à Inhambane [3]).

Un autre exemple nous est fourni par les Matabilis ou Matabélés, qui, de même que les Zoulous, sont constitués en un état politique, et que leurs vêtements et leurs armes et d'autres indices signalent comme étant des Zoulous. Vers 1836 ils habitaient le Transvaal actuel et obéissaient à Moselekatzé, ancien sujet et capitaine (*induna*) du puissant roi de Natal, Tchaka, qui, dit-on, aurait fait périr un million d'hommes, et qui était le frère et prédécesseur de ce Dineghane que nous venons de nommer. Moselekatzé s'était enfui en 1817 avec ses gens des terres de ce roi cruel et avait conquis le Transvaal sur les noirs qui l'habitaient alors et qu'il massacra en masse. Mal lui en prit d'oser plus tard s'attaquer aussi aux Boers, car ceux-ci le chassèrent en 1837 du Transvaal, au nord duquel il s'établit avec ses gens. Ils y demeurent encore, depuis 1870 sous Lobengoulo, successeur de Moselekatzé, et chef renommé. Quand les blancs les laissent faire, ils se montrent encore plus turbulents que les Zoulous; tuer est ce qu'il y a de plus honorable à leurs yeux.

Citons encore les Landines (Zoulous), qui se montrent également fort peu sédentaires, quoique ils ne soient pas même un peuple pasteur. Si Livingstone les trouvait il y a trente ans dans la proximité de Senna sur le Zambèze, où les habitants en avaient une peur terrible, il faut maintenant les chercher cinq degrés plus au sud, en arrière de Sofalla et d'Inhambane. Landines est le nom générique au moyen duquel les Portugais désignent la grande famille des Zoulous.

---

1) Comp. *Daniel Veth's Reisen in Angola*, par le Dr. P. J. Veth et Joh. F. Snelleman, page 338.

2) L'habitation de Gougounyana représente aussi le type ordinaire der *kraals* zoulous. Il possède une armée de 20,000 Zoulous de race pure, dont 2000 sont armés de fusils Martini, les autres de l'assagaie et du bouclier. — Comp. Denis Doyle, *A journey through Gazaland*, Proc. of the Roy. Geogr. Society, Octobre 1891.

3) Comp. *Expedição as terras de Muzilla em 1882*, par A. M. Cardoso (*Boletim da Soc. de Geogr. de Lisboa* 1887, page 153).

De même, à ce qu'on assure [1]), les noirs du Mossamedes, sur la côte sud-ouest, seraient originaires du pays du Zambèze.

Tout aussi inconstante est la puissance relative des nombreux petits états que constituent ces noirs si remuants; l'un monte et l'autre descend alternativement, comme sur une escarpolette. Ainsi les Makololos, de la famille des Betchouanes et originaires du Midi de l'Afrique [2]), étaient un peuple puissant lorsque Livingstone les visita en 1853 et en 1861 ; ils occupaient alors un vaste territoire dans le bassin du Zambèze et commandaient, sous leur célèbre chef Sébétouane, à de nombreuses autres peuplades en arrière de la côte de Mozambique. Actuellement ils ont disparu et il ne reste d'eux que leur langue. — De même cet empire du Monomotapa, qui dans les siècles passés fut si puissant et si renommé, situé jadis sur la rive droite du Zambèze inférieur, a disparu depuis de la liste des puissances nègres [3]).

La facilité avec laquelle les noirs dans tout le Sud et le Sud-Est de l'Afrique émigrent d'une contrée à l'autre, tient pour une grande part au fait que l'autorité de leurs chefs n'est pas territoriale, mais personnelle, qu'elle s'étend sur les sujets, non sur le territoire que ceux-ci habitent à un moment donné. D'eux-mêmes, il n'ont par la notion de pays, chacun avec son gouvernement dont la limite d'action est marquée par des frontières. Il est vrai que les démêlés qu'ils ont eus avec les blancs les y ont initiés; mais leur principe à eux est que le chef gouverne sa tribu, non une contrée spéciale, et il arrive même, dans les lieux où ne prédomine par l'influence des blancs, qu'un territoire puisse être occupé simultanément par des gens de races diverses, obéissant à des chefs indépendants les uns des autres. Le grand attachement des noirs pour leurs chefs contribue à maintenir ce principe. L'autorité des chefs est héréditaire, sans pourtant que ce soit toujours en ligne directe. Ils gouvernent par la grâce de Dieu. Leur désobéir est un des plus graves péchés possibles aux yeux des noirs.

Le principe dont nous venons de parler se trouve sans doute en relation étroite avec l'occupation principale de beaucoup de ces clans, qui se livrent à l'élève du bétail, et sont par là forcés de changer fréquemment de pâturages. Ces migrations à leur tour engendrent des guerres continuelles. En

---

1) Comp. *Daniel Veth's Reizen in Angola.*

2) Originaires du territoire actuellement occupé par l'Etat Libre d'Orange, selon Hartmann, *Die Nigritier*, page 416.

3) Comp. *Bolletim e Annaes do Conselho Ultramarino*, 1857, N⁰ 43, page 415.

revanche, dès qu'une tribu se livre à l'agriculture, elle s'attache davantage au sol qu'elle habite et qui la nourrit, son organisation devient moins militaire et laisse plus de champ à l'industrie. Les deux cas se présentent dans les contrées auxquelles se rapporte notre publication. Au sud les pâturages abondent et sont excellents; en revanche les sécheresses, ce grand obstacle à l'agriculture, sont fréquentes, et les noirs se livrent presque exclusivement à l'élève du bétail; mais sur le Zambèze la mouche tsétsé et le climat s'opposent à la garde du bétail, et les habitants, pour autant qu'ils subviennent à leur entretien par le travail, sont obligés de cultiver la terre. Il va sans dire que cette différence en entraîne de considérables dans les mœurs, les facultés physiques et intellectuelles et les produits. Dans ces considérations nous ne pouvons guère tenir compte des tribus soumises aux Anglais ou aux Boers, parce qu'elles sont contraintes de rester tranquillement dans leurs territoires et d'y vivre comme les blancs le leur prescrivent; mais si l'on observe les tribus indépendantes de fait, celles qui vivent au nord du Limpopo, on constate, en s'avançant vers le nord, les progrès de la paix, de l'agriculture et de l'industrie, et, avec la diminution du bétail, celle de la musculature et du talent guerrier.

Les dessins que nous publions témoignent de cette différence. Les demeures des habitants des bords du Zambèze [1]) sont fort supérieures à celles des Zoulous et de leurs voisins du côté du sud, parents de race des Zoulous; en même temps leurs armes sont plus belles et moins grossières, mais aussi moins puissantes. Ils ne possèdent pas les aptitudes et l'organisation militaires des Zoulous et des Basoutos, sont fort peu belliqueux et, de même que les autres noirs de l'Afrique centrale, sont moralement et physiquement inférieurs aux Zoulous; ceux-ci sont plus forts qu'eux, plus résistants à la fatigue, plus loyaux et plus courageux. Les noirs du Zambèze sont plus soumis que les Zoulous, probablement par suite d'un contact prolongé avec les blancs, et nous n'avons jamais remarqué chez eux, quelque cruellement que leurs supérieurs les frapassent et les maltraitassent, la moindre velléité de résistance ou de révolte violente. Ils endurent tout sans mouvoir un muscle, ni dire une parole. Peut-être leur ossature plus forte que celle des blancs, surtout leurs crânes plus épais les rendent-ils moins accessibles à la douleur physique et moins sensibles aux ardeurs du soleil;

---

1) Voy. les planches XXV et XXVI.

ce qui n'empêche pas que nous avons vu un noir, qu'un métis châtiait sans merci, sans doute rester muet et impassible, mais pourtant ne pas pouvoir empêcher les larmes de jaillir de ses yeux.

Les cafres du Sud-Est de l'Afrique sont vigoureux et bien faits; notre planche XVII ne leur rend pas justice sous ce rapport. Ils sont de haute taille et ont la démarche gracieuse. Les femmes ont les hanches beaucoup moins développées que ce n'est généralement le cas chez les blanches. La peau de ces cafres est brune, plus foncée que dans le Sud de l'Afrique (nous avons vu un albinos à Inhambane); leurs pieds sont petits, le cou-de-pied bombé.

La barbe est chez ces noirs extrêmement rare, si bien que les hommes qui en possèdent jouissent d'une certaine considération et souvent sont chefs de leur village. Un vrai noir orné de favoris bien fournis ne se voit presque jamais; ceux qui ont du poil au visage ne l'ont guère qu'à la lèvre supérieure et au menton. La plupart des hommes étant imberbes et les traits des femmes devenant promptement durs à mesure qu'elles avancent en âge, il est d'ordinaire difficile de distinguer au visage celles-ci des hommes quand elles sont vieilles. Hommes et femmes n'ont presque pas de poils, mais la chevelure n'en est que plus vigoureuse. La calvitie produite par la chute des cheveux est inconnue; en revanche, beaucoup de ces noirs se rasent complètement la tête et font surtout subir cette opération à leurs enfants. Cet usage est fort répandu sur le Zambèze, ainsi que sur la côte occidentale, par exemple chez les Mondombes.

De même que les noirs dans toute l'Afrique, les cafres des contrées dont nous nous occupons ici donnent à leur chevelure des soins abondants, qu'ils n'accordent point au même degré aux autres parties de leur corps. Les modes qu'ils suivent dans l'arrangement de leur coiffure forment une des principales marques distinctives des tribus entre elles. Ainsi on peut souvent encore voir dans la partie méridionale de la province de Mozambique des gens parés de la coiffure caractéristique des Zoulous, le disque bien connu, formé en mêlant à la chevelure, quand l'âge adulte est venu, une pâte de bouse de vache qui y adhère [1]). Cet usage n'est pas suivi dans le

---

1) Voy. ce disque sur la tête de la massue représentée pl. XV, fig. 14, et la description dans le texte. Comp. *Die Eingeborenen Süd-Afrika's* par G. Fritsch, Breslau 1872, page 127, ouvrage où l'on trouve sur les Zoulous des détails intéressants, quoique naturellement ils ne soient pas nouveaux.

2

bassin inférieur du Zambèze. Souvent les noirs se rasent une partie de la tête seulement, en laissant des parties chevelues qui forment parfois des dessins bizarres. Il y en a qui tressent de la paille, d'ordinaire colorée en noir, avec leurs cheveux, de façon à obtenir des formes capricieuses. On trouvera d'autres modes encore représentées aux figures 5 et 6 de la planche XVII (comp. la description qui en est donnée dans le texte). Les parures consistant en plumes assujetties à la chevelure sont rares dans le Sud-Est, surtout sur le Zambèze.

Nos cafres ont naturellement aussi bien que les autres noirs cette senteur particulière que l'on nomme odeur nègre, et qui, loin de provenir exclusivement de la graisse dont ils s'enduisent souvent le corps, fait partie des caractères de leur race, tout aussi bien que la sombre couleur de leur peau. Cela n'empêche pas que nous n'ayons constaté partout où nous sommes allés en Afrique que les noirs dont l'alimentation est suffisante et de bonne qualité ont moins l'odeur nègre que ceux qui vivent pauvrement et qui mangent des choses indigestes. Les blancs du reste ont aussi leur senteur naturelle, aussi désagréable aux noirs que l'odeur nègre peut l'être aux blancs.

Souvent les noirs ont l'air fortement tatoués, tellement sont visibles les dessins formés sur la peau par l'existence de nombreux vers qui habitent et grouillent dessous. Sur la côte occidentale cette affection attaque surtout les jambes[1]; ici elle envahit le corps tout entier.

Le tatouage est moins pratiqué que dans d'autres parties de l'Afrique, et les individus qui s'en parent ne le font, qu'ils soient hommes ou femmes, que sur une échelle restreinte et sans figures compliquées. L'opération, qui consiste à faire des incisions dans lesquelles on verse un liquide corrosif, est douloureuse, mais les patients la subissent avec une endurance stoïque. M. Muller a vu taillader avec un couteau mal aiguisé la peau d'une jeune négresse, qui riait sans marquer qu'elle sentît la douleur, quoique le sang ruisselât de sa blessure.

Une étrange sorte de déformation artificielle est en usage sur le Zambèze, mais non pas dans le pays d'Inhambane. On introduit dans l'organe sexuel des petites filles, de façon à ce qu'il tienne aussi ferme que possible, un

---

[1] *Jigga* et ver de Guinée sont les noms des deux espèces les plus fréquentes sur la côte occidentale.

anneau que l'on tire ensuite vers le bas. Cela fait sortir la peau, qui, lors-que la femme est devenue adulte, pend par en bas la largeur de la main [1]).

Les noirs aiment à se frotter les dents avec un morceau de bois et se livrent à tout instant à cet exercice. Ils possèdent de beaux et solides rateliers, capables de broyer des os. Ni dans l'Afrique méridionale, ni dans le Sud-Est, n'existe la mode de se limer les dents pour leur donner une forme déterminée; on n'y connaît pas non plus ce genre de beauté que certaines peuplades cherchent à acquérir en se brisant les deux dents de devant.

Si les femmes de la contrée de Zanzibar se noircissent de *kohl* le bord des yeux pour les faire paraître plus grands, nous n'avons pas observé cet usage chez les indigènes des contrées qui nous occupent. Nous n'y avons vu que rarement, et cela uniquement dans le bassin du Zambèze, ces anneaux passés dans la lèvre (*péléle*) dont Livingstone parle [2]).

Les enfants dévorent des masses de choses indigestes, de sorte que leur ventre est énorme; leur nombril aussi est d'ordinaire formidable, at-teignant la grosseur d'une orange. Ces difformités disparaissent néanmoins vers l'âge de huit ans.

Les noirs ont l'ouïe et la vue beaucoup plus exercées que les blancs. Non seulement ils voient extrêmement loin, mais ils distinguent dans l'obs-curité des objets que les blancs n'apercevraient pas du tout. Grâce à la ténuité de l'air et à l'acuité de leurs sens, qui leur permet de se voir et de se comprendre à grande distance, les nouvelles se propagent en Afrique avec une merveilleuse rapidité. — Remarquons que le globe de l'œil des noirs n'est jamais d'un blanc pur; souvent il est injecté de sang, souvent aussi teinté de jaune.

Quelque perçante que soit leur vue, cela ne veut pas dire que les noirs du Mozambique sachent s'expliquer les objets nouveaux pour eux, par exemple les images; leurs yeux n'y sont pas exercés. Il y a toujours dans la peinture quelque chose d'abstrait et de conventionnel, dont nous ne nous rendons pas compte à cause de l'habitude; mais les noirs ne reconnaissent pas les objets qu'elle représente. Nous en avons fait souvent l'épreuve; rarement

---

1) Voyez pour la circoncision la description de nos planches et aussi l'ouvrage de Hartmann cité plus haut, page 409.

2) Comp. Livingstone, *Narrative of an Expedition to the Zambesi*, p. 115.

ils reconnaissaient l'original d'un portrait, même s'il était présent, et dans un nombreux groupe de noirs il ne s'en est pas trouvé un seul pour dire ce qu'était un tigre représenté sur une couverture, en grandeur et en couleurs naturelles, quoique ils eussent sous les yeux, tout à côté, un vrai tigre mort.

Une fois en mouvement, les noirs ont souvent des accès de grande surexcitation. Ainsi il nous est arrivé en voyage de voir soudain quelqu'un des porteurs quitter la file indienne pour se livrer à côté du sentier à des cabrioles et à des gesticulations insensées, accompagnées de cris; après quoi il reprenait tranquillement son rang. En marche, ils s'animent de la parole continuellement les uns les autres et ont toujours de la musique, qui ne s'interrompt pas même quand la troupe se met au trot; cela peut contribuer à provoquer l'exubérance dont nous parlons. Cette excitabilité se manifeste surtout à la guerre et quand ils voient du sang; alors ils sont hors d'eux-mêmes et capables de tout; mais le paroxisme ne dure pas longtemps, ils recouvrent bientôt leur calme et leur gaîté, et l'ardeur batailleuse s'éteint. Aussi les guerres se prolongent-elles rarement.

Il n'est pas dans le caractère des noirs du Sud-Est de l'Afrique d'empoigner une besogne avec une énergie soudaine pour l'accomplir d'un cou de collier; en revanche ils ont une patience et une persévérance, jointes à une capacité d'endurance physique, qui leur permettent d'accomplir des tâches que les blancs les plus vigoureux seraient forcés d'abandonner. Là se trouvent, d'après notre expérience, leurs plus précieuses qualités. M. Muller devant se rendre par eau dans une localité du Zambèze, et se trouvant un peu pressé, promit aux rameurs un *matabichou* (tournée d'eau de vie) s'il y arrivait avant un moment donné, et cette promesse se trouva constituer un appas assez puissant pour que ses douze noirs le pagayassent sans s'arrêter pendant vingt-deux heures de suite. Une fois en train, le noir continue jusqu'à ce qu'on lui dise de s'arrêter. Nous donnâmes une fois à Inhambane un couteau à aiguiser, mais négligeâmes d'avertir de se borner à le rendre tranchant, si bien qu'au bout de quelques jours nous découvrîmes que le noir chargé de cette tâche avait consciencieusement aiguisé et aiguisé et que la moitié du couteau y avait déjà passé. Un exemple un peu différent, mais qui révèle la même tournure d'esprit, est celui de ce jeune homme qui, après avoir été domestique chez des blancs de notre connaissance, retourna à la vie sauvage, puis revint au bout de cinq ans reprendre ses fonctions de valet; or, dès le premier jour, sans qu'on lui donnât d'ordres, il fit tout ce qu'il avait eu à faire pendant son premier service, ponctuellement, consciencieusement, chaque chose à son heure, chaque objet à sa place.

Il va sans dire que ces noirs routiniers détestent changer les habitudes une fois acquises. Ainsi, occupé de la construction d'un bateau et voulant faire planter des clous à des noirs qui jusqu'à ce moment avaient eu à manier la scie, nous nous heurtâmes à de la résistance. En voyage, nos domestiques gardaient soigneusement vide dans nos coffres la place d'objets qui s'y étaient une fois trouvés, mais qui avaient disparu, et nous avions de la peine à obtenir qu'ils utilisassent pour de nouveaux objets l'espace inutilement réservé.

Les noirs du Sud-Est de l'Afrique ont cet esprit de routine conservatrice en commun avec la plupart des tribus de noirs; et c'est ainsi, par exemple, que ce que le voyageur hollandais Dapper écrivait il y a deux cents ans des indigènes de Libéria, de leurs mœurs et usages et de leurs qualités, pourrait se dire d'eux maintenant encore, presque sans y rien changer.

Le noir ne sait pas ou ne veut pas accepter que le travail soit un devoir, et il ne se livre à aucun travail régulier. Quand il s'astreint à une besogne de quelque durée, c'est qu'il lui faut gagner le douaire qu'il doit payer au père de sa fiancée pour pouvoir épouser celle-ci; c'est d'ordinaire en bétail qu'on le paie, par exemple chez les Zoulous, qui l'appellent *loubola;* chez ceux des noirs du Sud-Est qui ne se livrent pas à l'élevage, il consiste principalement en cotonnade bleue et en pelles en fer *(enxadas)*. Tant qu'ils ont de quoi subvenir à leurs besoins, il est très difficile de les décider à travailler. Ils n'épargnent guère; en outre ils ont les mains ouvertes, en quoi ils se distinguent de maints de leurs congénères de l'Afrique occidentale, en particulier des Veys de Libéria; de plus, grands enfants qu'ils sont, ils se hâtent d'acheter toutes sortes d'inutilités quand ils ont gagné quelque chose. Il s'en suit que leurs gains ne durent pas longtemps. Quand ils n'ont plus rien, ils se serrent le ventre avec une ceinture, jusqu'à ce qu'enfin il crie si fort famine qu'il faille bien reprendre de la besogne pour le faire taire.

Beaucoup de noirs de la partie méridionale de la colonie de Mozambique et même des districts à l'ouest du pays de Sofalla vont chercher fortune dans les mines de diamants et d'or du Sud de l'Afrique, pour vivre de leurs rentes après une couple d'années de travail, c'est-à-dire pour mettre leur capital en femmes, chargées ensuite de l'entretien de leur seigneur et maître. Celui-ci, pendant son séjour au Midi, avait aussitôt adopté la manière de vivre et le costume européens; mais, de retour dans son pays, il se hâte de les déposer. Ce n'est que rarement et fort à la longue que ces nègres prennent pour tout de bon des coutumes européennes.

La plupart des travaux, travaux des champs, ménage, soin des enfants, etc., sont dévolus aux femmes. Un des principaux consiste à piler le riz dans un bloc évidé, de 20 centimètres environ de diamètre et de la hauteur à peu près d'une de nos tables, au moyen d'un long bâton, dont l'extrémité inférieure est plus épaisse que le reste. Le bruit des piloirs à riz avertit de loin les voyageurs qu'ils approchent d'un village. Les femmes moulent aussi le blé, en l'écrasant sur une grosse pierre au moyen d'une autre plus petite. Elles opèrent de même pour la lessive. Les mères, quand elles travaillent aux champs, ont toujours leur nourrisson à cheval sur le dos, assujetti au moyen d'une pièce d'étoffe, de façon à ne laisser de visible que la tête, qui dodeline à droite et à gauche à chaque mouvement de la mère.

Les femmes sont aussi chargées de faire la récolte du caoutchouc, qui, dans le Sud-Est, n'est l'objet d'aucune culture. On le recueille dans les forêts. Les jeunes filles s'y rendent par troupes; là, chantant à plein gosier, elles se placent de façon à faire couler la sève des arbres à caoutchouc sur leur poitrine, où l'évaporation, aidée de la chaleur de la chair, lui donne bientôt de la consistance. Elles roulent alors la pâte, par la friction sur leur poitrine, en gros fil, dont, sur le Zambèze, on fait des boules. En revanche, dans les contrées d'Inhambane, on enroule ce gros fil de caoutchouc autour d'un bâtonnet, qui prend ainsi l'apparence d'une navette de tisserand. Nos noirs recueillent souvent aussi la sève des racines des arbres à caoutchouc, ce qui en fait périr un grand nombre.

Chez les Zoulous, le soin des bestiaux incombe aux hommes. Sur le Zambèze, où dans chaque village on ne possède que quelques chèvres, quelques moutons, quelques porcs et quelques poules, et où les vaches sont rares, luxe des riches, surtout des métis, ils ne s'en occupent pas. Au nord du Zambèze, l'élevage disparaît presque complètement dans les contrées auxquelles nous restreignons nos observations.

Les principaux travaux des hommes sont la chasse, la guerre, les corvées pour les chefs et les grands (appelés *donos* sur le Zambèze), et quelques besognes sédentaires.

Ils ne poursuivent que le gros gibier, les éléphants [1]) et autres grands animaux, et ne tirent pas sur les menus animaux et les oiseaux. Actuellement ils n'emploient comme arme de chasse que le fusil. Il est rare sur la côte orientale de ne point trouver de fusils à percussion dans les demeures des noirs à leur aise, en quoi ceux-ci se distinguent de leurs congénères de Natal, où il est défendu de fournir des armes à feu et des boissons spiritueuses aux noirs; même dans le pays des Zoulous toute importation de ces articles est prohibée. Les noirs ne veulent plus des fusils à pierre; on n'en rencontre plus, et cela rarement, que sur le Zambèze. Ils mettent dans leurs armes d'énormes charges de poudre et de plomb, remplaçant parfois ce dernier par des fragments de fer et d'autres objets durs.

La couture est d'ordinaire aussi une besogne des hommes. Le fil dont ils se servent est souvent simplement composé de parfilures de tissus européens, qu'ils roulent en fil entre leurs doigts rendus humides. Quoique le coton croisse partout, l'usage de celui que produit le pays diminue rapidement; nulle part on ne le cultive.

Les cafres du Sud-Est de l'Afrique n'ont par de métiers régulièrement exercés; ceux qui en connaissent un comme il faut sont des oiseaux rares. Ils sont fort arriérés sous ce rapport et, par exemple, n'entendent par eux-mêmes rien aux travaux de charpente, non plus que les autres noirs, trait caractéristique et curieux. En revanche ils possèdent un talent inné pour le travail des métaux [2]), et ont même — quoique Ratzel le nie [3]) — de bons orfèvres, comme le prouve, par exemple, l'anneau de la planche XXII, fig. 8. L'or se trouve sous différentes formes, quoique en petites quantités, sur le Zambèze et dans le pays de Manica; ce sont les femmes qui le recueillent. Ces cafres savent aussi, de même que les Zoulous, transformer le cuivre en objets divers [4]). Les noirs du Transvaal, en géneral mal doués pour les métiers et inférieurs sous ce rapport aux cafres du Sud-Est, savent au moins forger des fers d'assagaie. Les hommes seuls travaillent les métaux.

1) Voy. la pl. III, fig. 5.
2) Hartmann dit dans l'ouvrage cité, page 411, que les Matabilis ne sont pas forgerons, en quoi ils se distinguent des Machonas.
3) *Die Naturvölker Afrika's*, p. 221.   4) Voy. Pl. X, fig. 14, etc.

Les forges sont très simples. On attise le feu au moyen du double soufflet souvent décrit par les voyageurs[1]) et dont l'usage est fort répandu en Afrique; on le trouve aussi chez les Mandingos de Libéria et chez d'autres encore, indentique à celui des bords du Zambèze[2]). Les noirs tirent pour une part de leur propre sol le fer dont ils ont besoin, par exemple à Tête sur le Zambèze; mais ils emploient surtout celui que les Européens leur apportent sous forme de pelles, nommées *enxadas*, et qu'ils reforgent pour les adapter à leur usage. Ils sont difficiles à contenter quand ils achètent ce fer, et l'on doit avoir soin de ne l'importer dans chaque contrée que sous la forme particulière de pelles qu'on y veut, forme qui varie considérablement d'une contrée à l'autre. Les pelles demandées sur le Zambèze sont invendables à Sofalla, et ainsi de suite.

Nos noirs, en cela différents de ceux du Nord-Ouest de l'Afrique, vont fort peu en mer, jamais dans leurs embarcations à eux. En revanche, ils naviguent beaucoup sur leurs rivières, dans de fort bons canots, *almadias*[3]), d'ordinaire noirs, toujours sans gouvernail, et, sauf sous l'influence européenne, sans voiles; ils sont tous très habiles à les manœuvrer avec des pagaies longues au plus d'un mètre et demi et terminées en lozange allongé. Quelquefois ces pagaies sont à doubles palettes en lozange allongé, une à chaque extrémité, et alors elles sont plus longues que les autres et servent à un homme seul dans son canot. A Inhambane, à Chiloane et dans les contrées situées en arrière, les rameurs (*tripulantes*) mettent aussi des embarcations européennes en mouvement avec ces pagaies. Les femmes ne rament jamais.

Les noirs du Sud-Est de l'Afrique s'appliquent à la pêche dans les rivières, non pas en mer; leurs congénères du Sud de l'Afrique ne le font pas. Ceux qui s'en occupent le plus sont les tribus du Zambèze et de plus loin au nord. Quant à ceux qui sont étroitement apparentés aux Zoulous, ils ne surmontent que poussés par la nécessité la répugnance que leur inspirent la mer et le poisson. Même les Zoulous actuellement établis sur le lac Tanganika sous le nom de Watoutas et autres — tribus dont l'origine est évidente, puisqu'elles portent encore l'anneau de bouse de vache mêlée à

---

1) Voy. Livingstone, *Narrative of an expedition to the Zambesi*, 1865, p. 113.
2) Le musée royal d'ethnographie de Copenhague possède sous le N° 146 un soufflet de forge des noirs Mandingos, du genre dont nous parlons.
3) Voy. Pl. XVI, fig. 3.

la chevelure — se hasardent à peine sur le lac, quoique toutes les tribus qui en habitent les bords et avec plusieurs desquelles ils ont des relations constantes et amicales, aient pour la navigation des dispositions fort développées. Quant aux instruments de pêche employés par les cafres du Sud-Est de l'Afrique, nous nous permettrons de renvoyer à l'ouvrage de Livingstone déjà cité, en particulier aux pages 38 et 100. Ils font rôtir ou ils fument les petits poissons, les embrochent alors plusieurs ensemble à une baguette et les vendent ainsi.

Les noirs du Sud-Est de l'Afrique sont, quant au caractère, de grands enfants, vaniteux, sociables, gais et de bonne humeur. Les voyageurs blancs n'ont pas à les redouter pour peu qu'ils apprennent comment il faut les prendre. Quand on les traite bien, ils sont capables de fidélité. Du reste, leurs impressions ne sont pas profondes et se manifestent aussitôt; ils sont tout en dehors. Quoique ne possédant point de représentations scéniques, ils ont quelque chose de fort théâtral, gesticulant à force et variant à chaque instant leurs intonations, toujours exagérés dans la manière dont ils prennent les choses. Ils n'ont aucune conception de la valeur du temps, et passeront aisément une heure entière à débattre le plus mince achat; il faut dire que négocier et marchander est leur occupation favorite. Ils ne manquent pas d'une certaine dose d'astuce naturelle, grâce à laquelle ils savent échapper aux pièges des marchands; ils distinguent fort bien la bonne marchandise de la mauvaise, et les temps sont passés où l'on pouvait les satisfaire avec de la bimbeloterie sans valeur, petits miroirs, flageolets et autres. Ils n'acceptent plus ces objets que comme cadeaux. Ils manifestent une joie exubérante au moindre présent qu'on leur fait; mais leur reconnaissance, même pour des services signalés, est aussi éphémère que leurs autres sentiments.

Ils sont courtois entre eux et à l'égard des blancs. Ils montrent à ceux-ci beaucoup plus de respect dans le pays des Boers et dans le Mozambique que dans l'Afrique australe anglaise. Dans presque tout le bassin du Zambèze, la salutation des hommes consiste à frotter ses pieds à terre comme si on les essuyait et à frapper des mains [1]); les femmes se croisent

---

[1]) La coutume de saluer en frappant des mains se rencontre ailleurs encore en Afrique, par exemple chez les Makalakas (Dr. F. Ratzel, *Die Naturvölker Afrika's*, p. 370), dans le pays de Manica, dans la contrée du Nord du Nyassa (D. K. Cross, *Proceedings of the Royal Geographical Society*, février 1891, p. 88), etc.

les bras sur la poitrine de façon à appuyer leurs mains sur leurs épaules et font deux ou trois courtes révérences en fléchissant légèrement les genoux, d'une manière qui souvent ne manque pas de grâce. Les noirs de race pure ne connaissent dans le Sud-Est ni le baiser, nila poignée de mains.

Les noirs du Mozambique ont la vertu de l'hospitalité. Même un blanc sera bien reçu s'il se présente dans la demeure de l'un d'entre eux. En outre, quand on a à faire à eux individuellement, on les trouve presque sans exceptions serviables, prêts à donner un coup de main; en revanche, ils se montrent revêches, surtout dans les tribus apparentées aux Zoulous, quand ils se trouvent un certain nombre réunis.

Comme la plupart des Orientaux, ils aiment les détours et sont portés à la dissimulation. Rarement quand on les interroge ils donnent une réponse directe; d'ordinaire ils parleront de ce dont on n'a que faire, pour arriver obliquement à ce qui est en question. Ils font précéder chaque réponse des mots: »Oui, Monsieur", même quand la réponse est négative. Demandez par exemple: »Pouvons-nous arriver encore ce soir à Tête?". On vous dira: »Oui, Monsieur. Nous avons Choupanga loin derrière nous. »Monsieur atteindra-t-il encore la Loupata? Oui, Monsieur. Y aura-t-il clair »de lune cette nuit? Oui, Monsieur. Mais Tête est loin. Nous y arriverons »peut-être demain".

La langue des noirs du Zambèze diffère de celle des tribus, qui ont de l'affinité avec les Zoulous, établies en arrière d'Inhambane et plus au sud; et c'est ainsi que les noirs amenés par M. Muller du Zambèze à Inhambane ne pouvaient pas s'entretenir avec ceux de l'endroit. Les tribus du Zambèze ne font pas entendre les sons gutturaux qui distinguent les dialectes zoulous. Elles prononcent les consonnes essentiellement au moyen des lèvres; leurs dialectes ont beaucoup d'M, de B et de P. Souvent un son se répète dans un seul et même mot, comme *Moutoukatakke* ').

Dans le district de Cabo Delgado, au nord de la Colonie, les noirs parlent le Souahéli presque pur. C'est une langue extrêmement répandue, qui se parle dans le sultanat de Zanzibar, sur les côtes de Madagascar,

1) Comp., pour les langues, *Vocabulario comparado de Makua, Lomwe, e dialectos de Angoche e Ibo* (*Boletim da Soc. de Geogr. de Lisboa* 3ᴬ Série Nᵒ 5, 1882, page 271).

Comp. aussi *As linguas da Africa Oriental Portugueza* (*Boletim da Soc. de Geogr. de Moçambique* Junho 1881, page 13 etc.

Comp. de plus Bleek, *A comparative Grammar of South African Languages*, Capetown 1862/4.

dans l'Arabie, etc. [1]). Le Souahéli a eu une notable influence sur la langue des noirs de la partie méridionale de la Colonie; c'est ainsi, par exemple, que les noirs de Sofalla se servent de plusieurs mots que l'on rencontre sous presque la même forme dans le Souahéli [2]).

Les noirs de la côte sud-est apprennent d'ordinaire facilement les langues étrangères. Il leur suffit de faire un seul voyage en Europe avec un voilier pour parler la langue des matelots. Ils s'assimilent si vite les sons qu'ils entendent, qu'au bout de quelques jours de voyage sur le Zambèze toute la suite noire de M. Muller, dont la majorité savait pourtant le Portugais assez bien, prononçait à sa manière à lui les mots portugais qu'il avait estropiés.

Les noirs aiment extraordinairement à causer entre eux, pour le plaisir de causer. On les verra des heures durant s'animer, gesticuler, tout en débitant des flots de paroles, comme s'ils traitaient des affaires les plus importantes; il ne s'agit pourtant que de faire la conversation. Celle-ci, entre hommes, roule surtout sur le beau sexe. Donnez à un nègre le temps de babiller et crier à son saoul, donnez-lui en même temps, quelque chaud qu'il fasse, un gentil petit feu près de lui et quelque chose à manger, il est le plus heureux des hommes. Du reste l'humeur grognon et la mélancolie sont des raretés parmi ces gens. Quand ils marquent de la lassitude, les blancs qui les emploient n'ont souvent qu'à lancer quelque plaisanterie, si possible bien salée, pour les ragaillardir et les remettre en train; si les blancs mettent eux-mêmes la main à la pâte, cela ne gâte rien, au contraire.

Jamais, dans aucune partie de l'Afrique, nous ne leur avons vu repousser quelque nourriture que ce soit, quelles qu'en fussent la qualité et la quantité. Seuls, dans le Sud-Est, les œufs et le lait font exception, surtout les œufs, auxquels dans cette contrée un noir ne toucherait sous aucun prétexte; en revanche, ils dévorent avec le plus grand plaisir oiseaux de proie, singes, serpents, rats des champs, racines de tout genre, feuilles indigestes, etc. La bonne viande est presque inconnue dans leurs menus. Leur mêt principal consiste en farine de sorgho (appelée *mapira* par les cafres) cuite dans l'eau, bouillie dont

---

1) Voyez: Bishop Steere, *A handbook of the Suaheli-language as spoken at Zanzibar.*
2) Comp: *As linguas etc.* (ouvrage cité), page 122.

le goût rappelle le ciment de vitrier; ou bien en riz cuit. Ils se montrent fort difficiles pour leur riz et le dédaignent s'il n'est par cuit à point et parfaitement resséché. Ils aiment y joindre, quand ils en ont, un peu de poisson sec, de viande d'hippopotame sèche, ou autre chose de ce genre, et enfin beaucoup de poivre indigène très fort (appelé *piré-piré* sur le Zambèze) et du sel. Ils mettent peu de ce dernier condiment dans leurs mets, moins que les Européens dans les leurs et le fabriquent eux-mêmes en lavant des cendres végétales ou bien une terre jaunâtre, assez abondante dans l'intérieur, surtout sur le Zambèze. Il s'importe d'Europe beaucoup moins de sel que dans la plupart des localités de la côte occidentale. Ici aussi, dans l'intérieur, il sert de moyen d'échange.

Ensuite il faut citer comme moyen de paiement les pelles de fer (*enxadas*), le fil de laiton, les grains de verre, le rhum et autres objets. L'argent commence à se répandre parmi les noirs, d'une façon plus marquée à mesure qu'on se rapproche de la côte; il circule des pièces de toutes sortes, surtout anglaises et portugaises; le thaler de Marie Thérèse, si répandu depuis longtemps dans la partie septentrionale de l'Afrique orientale, se rencontre peu dans le Sud-Est. Là où l'on se livre à l'élevage, le bétail est le principal agent de paiement, de même que c'était le cas au Sud de l'Afrique avant l'envahissement par la civilisation européenne, et que cela y est encore ici et là le cas chez les noirs non-mélangés. On emploie beaucoup pour les échanges dans le pays d'Inhambane des pièces de mince toile de coton européenne, longues d'environ huit yards, que l'on nomme *kaniki*. Non seulement les noirs s'en servent pour se vêtir, mais encore ils en gardent chez eux, comme on garde l'argent, souvent par ballots fermés. Cette toile s'appelle *loupa* sur le Zambèze et y joue un rôle fort moindre dans les transactions; les pièces ont le double de la longueur du *kaniki*, sont beaucoup plus larges et s'achètent en beaucoup plus faible quantité. Les mouchoirs imprimés ou tissés forment partout maintenant un moyen d'échange commode. Le plus usité sur le Zambèze consiste en cotonnades écrues de Bombay, larges d'environ 75 centimètres. L'unité de mesure pour cette toile est le *braço*, soit la distance d'un pouce à l'autre quand on étend les bras. Pour le fil de cuivre, l'unité de mesure est la distance entre l'extrémité du petit doigt et celle du pouce quand on étale la main. On ne tient pas compte de la taille de celui qui mesure. Comme mesure de capacité pour les produits agricoles on se sert du *panja*, qui contient 27 litres dans les centres portugais et 30 litres en dehors. Un *panja* d'arachides pèse environ 15 kilogrammes.

On a beaucoup parlé de la précocité sexuelle de ces gens; mais nous croyons qu'on a fort exagéré et qu'elle ne dépasse guère celle des habitants du Midi de l'Europe. L'âge de la vie conjugale arrive, dans notre estime, pour les hommes, à quinze ans environ, pour les femmes, à treize. Du reste, il n'est pas possible de le déterminer exactement, ces gens ne connaissant par leur âge; ils comptent par le nombre de récoltes qui se sont faites pendant leur vie; mais la récolte manque parfois, et le compte se trouve faussé.

L'adultère est considéré comme la chose du monde la plus naturelle; on le blâme et on le punit, mais pas bien fort, surtout pas là où les noirs ont beaucoup de relations avec les blancs. Les époux finissent d'ordinaire par se réconcilier. La sévérité est la plus grande chez les tribus qui ont le plus d'affinité avec les Zoulous, soit dans le pays de Machona et dans la moitié méridionale des contrées qui nous occupent. M. Muller a assisté sur le Zambèze au jugement d'une négresse prise en flagrant délit. Elle fut acquittée parce que l'amant était attaché au service personnel du juge et que celui-ci ne voulut par prononcer une peine qui l'aurait privé de son serviteur. Là-dessus, le mari reprit sa femme et l'emmena en riant. Chez les Bitongas (pays d'Inhambane), le père de la femme coupable d'adultère paie, ainsi que le complice, une amende au mari, ou bien le premier doit rendre le cadeau de noces, ou enfin donner une autre femme à son gendre [1]).

Quand un personnage de quelque rang fait séjour dans un village de noirs, le chef de l'endroit désigne une ou plusieurs jeunes filles qu'il met à sa disposition pour passer la nuit avec lui et pour l'éventer avec de grandes feuilles, à cause des moustiques, qui sont une plaie de ces contrées. Les femmes noires se livrent volontiers aux blancs, non pas tant par plaisir que parce que cela leur fait honneur; elles sont toutes fières quand elles mettent au monde un métis.

L'hérédité n'est pas réglée entièrement de la même manière dans toutes les tribus. D'ordinaire le frère du défunt hérite de toutes ses femmes [2]);

---

1) Comp. *Codigo dos millandos Cafriaes por Adcho da Cruz* (*Boletim da Soc. de Geogr. de Lisboa*, Junho 1878, chapitre *dos Adultorios*).

2) M. *da Cruz*, dans l'article déjà cité, chapitre *da herança dos casamentos e espolios*, s'exprime comme suit: „O filho da primeira mulher toma conta da segunda mulher, sua madrasta; o da segunda mulher toma conta da „primeira e assim alternadamente até a ultima mulher e filho, e bem assim o espolio em quantidades egaes".

le reste de ses biens va à ses fils. Les filles, comme c'est très général en orient, n'héritent pas; elles-mêmes sont une sorte de marchandise.

Peut-être bien à cause de la polygamie, partout pratiquée par ceux qui sont assez riches pour acheter plusieurs femmes, nos noirs n'ont pas de nombreuse progéniture. On serait tenté d'attribuer la chose aussi au manque de soins médicaux, et cela sans doute exerce une influence sur la mortalité; mais c'est à un moindre degré qu'on ne se l'imaginerait, car la santé des noirs est bonne et ils ont rarement, si elles ne leur viennent pas de l'étranger, ces maladies contagieuses qui enlèvent tant d'Européens. Il est vrai de dire que quand les blancs leur en apportent, elles sévissent avec une grande intensité. La syphylis est actuellement fort répandue sur le Zambèze. Les blancs et les noirs semblent différemment prédisposés aux contagions. Ainsi il y a une dizaine d'années on voyait périr de la petite vérole la population entière de villages du district de Lourenço-Marques, tandis qu'il n'y eut pas un seul blanc d'atteint, quoique beaucoup négligeassent de se faire vacciner. Les cafres n'essaient pas de sauver ceux d'entre eux qui sont gravement malades et ils abandonnent aussi à la mort les petits enfants souffreteux. — Partout dans le Sud-Est de l'Afrique se présentent des cas isolés d'éléphantiasis.

On enterre d'ordinaire au Zambèze les morts le soir même du jour du décès. Dans ce but, on les enveloppe dans la natte *(fumba)* dans laquelle ils couchaient [1]). Si c'est un homme qu'on enterre, on place souvent à côté du cadavre les armes et les menus objets dont il faisait usage de son vivant; si c'est une femme, on brise les pots et ustensiles dont elle se servait, et l'on jette les morceaux sur son tombeau. Il n'y a pas de cimetières. Les époux portent le deuil d'un époux défunt en se revêtant de cette mince cotonnade bleue, connue dans le commerce africain sous le nom de *Guinée* ou *blue baft*, et que les noirs appellent *loupa* ou *kaniki;* ou bien ils portent des cotonnades écrues teintes par eux en noir, des grains de verre noirs, ou des bracelets, des diadèmes, des anneaux pour les jambes, des liens pour la poitrine, en joncs tressés et noircis (*moulella*). Les enfants portent de manière analogue le deuil de leurs parents. Le violet est aussi couleur de deuil.

[1] Voy. Pl. XVI, fig. 2 et 2a, natte pour dormir, en usage aussi chez les noirs de Zanzibar.

Dès qu'un noir est mort, sa famille et ses proches commencent à faire un bruit épouvantable; les femmes gémissent, pleurent, et chantent sur des airs plaintifs les qualités du défunt, dans la règle seulement les bonnes; les hommes tirent du fusil et frappent leurs tambours *(batacas)*, chantant avec cet accompagnement des chants populaires, sur la mesure desquels les jeunes filles, et parfois des femmes d'âge, se mettent à danser. Tous les membres de la famille arrivent, même s'ils demeurent loin, pour apporter leurs *sentimentos;* ils restent jusqu'à ce que toutes les cérémonies soient finies, c'est-à-dire une dizaine de jours. Pendant tout ce temps on mange et boit avec profusion.

Ces cérémonies sont pour l'essentiel conformes aux fêtes de nuit *(battouques)* que les noirs organisent à propos de tout. On commence par allumer un grand feu, qui sert de centre aux festivités et que l'on entretient tant que celles-ci durent. Ensuite on se met à boire de grandes quantités d'eau-de-vie indigène et européenne; souvent on absorbe en quelques heures plus d'une bouteille d'alcohol de 95 °/₀ par tête. Quelques noirs s'en abstiennent cependant, de même que les femmes, qui ne fument guère non plus. Les femmes exécutent souvent pendant la fête des sortes de jeux de société, dont le trait principal consiste à se mouvoir sur un rythme lent l'une derrière l'autre en frappant des mains. De leur côté, les hommes exécutent des danses échevelées et font des bonds prodigieux, sautant, tantôt dans le feu, tantôt par-dessus. La musique, accompagnée de cris et de chants étourdissants, ne cesse pas un seul instant. On ne s'arrête pas tant qu'il reste de la boisson, en tout cas pas avant le point du jour.

Les danses des noirs, surtout celles exécutées par les femmes, ne manquent pas d'un certain art. On les étudie. Chaque danseur se meut individuellement, et non pas par couples à la manière européenne. M. Muller a eu la chance d'assister, lui-même inaperçu, à une leçon de danse donnée par deux vieilles femmes à des jeunes filles dans un endroit écarté près d'un village du Zambèze. Les vieilles étaient assises à terre et prêtaient la plus grande attention aux mouvements de leurs élèves, auxquelles elles ne ménageaient ni critiques, ni gronderies. Celles-ci étaient complètement nues, probablement pour permettre aux maîtresses de mieux les observer. Quand elles découvrirent M. Muller dans sa cachette de verdure, elles s'enfuirent en riant dans leurs huttes.

Un autre délassement de la colonie de Mozambique, celui-ci à l'usage des hommes seuls, est une sorte de jeu de dames, appelé *sôrah*, analogue au jeu que les Veys de Libéria emploient sous le nom de *poh* [1]), et à celui que l'on trouve sur l'ancienne Côte d'Or hollandaise, à Madagascar [2]) et aussi dans les Indes orientales néerlandaises. Cependant nous n'avons pas vu que dans le Mozambique, comme dans les contrées que nous venons de citer, on fasse usage pour ce jeu d'un objet tenant lieu de damier; sur le Zambèze, où nous avons vu jouer du *sorâh*, le sol servait de damier et on y faisait des creux pour y déposer les petits cailloux ou les fruits employés en guise de dames.

Depuis des siècles on a fait des efforts plus ou moins énergiques pour évangéliser ces populations, mais c'est sans résultats palpables. Quelques noirs, en petit nombre, ont été baptisés, mais aucun, ou à peu près, ne pratique la religion chrétienne.

Les peuplades du Sud-Est de l'Afrique partagent nos idées sur le bien et le mal en général pas plus que sur la chasteté. Elles considèrent bien le vol comme un délit punissable, mais point comme une action honteuse, comme un péché, et elles lui accordent bien plus d'indulgence, surtout dans la moitié méridionale du territoire qui nous occupe, que par exemple à la lâcheté ou au manque de fidélité au chef de clan. Il peut arriver, surtout chez les Zoulous, qu'un noir tienne sa parole donnée; néanmoins, bien loin d'être considérée comme une vertu, la véracité passe chez ces gens pour ridicule; le mensonge n'est point un péché.

Ils croient cependant à l'immortalité de l'âme. Ils parlent souvent des esprits de leurs ancêtres et les invoquent; il n'est pas impossible même que leur conservatisme tienne pour une part à la crainte d'irriter ces esprits en changeant quelque chose aux vieilles coutumes. Il arrive souvent d'après eux que les esprits des morts choisissent des animaux pour résidence, et ils reçoivent chez eux avec le plus grand respect tout animal, fût-ce un serpent, qu'ils croient servir ainsi de demeure à un mort. Cette croyance se retrouve chez les Zoulous et parmi les autres peuplades du Midi de l'Afrique. Sur le Zambèze ce sont surtout les carnassiers que l'on considère

---

1) Comp. J. Büttikofer, *Reisebilder aus Liberia*. Leyde, E. J Brill, p. 331

2) On conserve sous le N° 177 au musée royal d'ethnographie de Copenhague un damier de Madagascar en tout semblable, sauf qu'il est plus grossièrement travaillé, à un autre, provenant de l'ancienne Côte d'Or hollandaise, que possède M. Muller.

comme servant d'asile aux esprits; on a entre autres désigné à M. Muller un certain crocodile et un certain lion comme étant dans ce cas.

Il y a des noirs rusés qui parviennent à se faire passer pour posséder le pouvoir de se changer en bête de proie, d'ordinaire en lion; ils s'entourent de mystère et vivent à part. Les autres noirs les ont en grande vénération et leur font des présents, tant pour acheter leur faveur que pour détourner leur inimitié. Les hommes-lions rendent aussi des oracles. Ce chef Bonga dont il est question plus loin en avait un dans son parti à l'époque de sa révolte contre le gouvernement portugais.

Les indigènes du Sud-Est de l'Afrique n'ont point de religion proprement dite; on ne trouve pas chez eux d'idoles et ils ne prient pas. Ils croient pourtant en un pouvoir supérieur aux choses visibles, qui réside dans l'air (le ciel) et qu'ils appellent *maloungo* au Zambèze. Si par exemple on fait à un indigène une question à laquelle il ne sache pas répondre, il dira *peno maloungo*, c'est-à-dire: »Je ne sais pas le ciel", ou: »Cela dépend du ciel". C'est à ce pouvoir qu'ils attribuent tous les phénomènes de la nature, et ils diront *maloungo foumba*, »le ciel fait pleuvoir".

On peut dire que la superstition prend chez eux la place de la religion, et que celle des prêtres est prise par les *feticheiros*; ils appellent *feticho* les objets auxquels ils attribuent une influence surnaturelle [1]). On a recours aux *feticheiros* pour découvrir l'auteur inconnu d'un crime; ils désignent alors le coupable, et se trompent rarement. On les appelle aussi auprès des malades, auxquels ils donnent alors quelque charme enfermé dans une petite corne ou dans une boite, que l'on suspend au cou du patient. On croit de plus qu'ils peuvent exercer une influence sur la température et en général qu'ils possèdent un pouvoir surnaturel. — Dans tout le Sud-Est de l'Afrique on est profondément convaincu que les malheurs sont souvent causés pas l'influence occulte de certaines gens, et l'on en soupçonne surtout les vieilles femmes. On rend la vie dure à ces sorcières, et là où ne s'étend pas le pouvoir protecteur des autorités européennes, on les torture souvent et les fait périr dans les tourments. Voici une note écrite dans le bassin du Zambèze, que nous retrouvons à ce sujet dans nos papiers: »J'ai été témoin oculaire de l'accident arrivé à un pêcheur qui, étant ivre,

1) Comp. *Daniel Veth's reizen in Angola*, pages 143—148.

»s'avança trop loin dans l'eau et fut entraîné par un crocodile. Les mem-
»bres de la famille, au lieu d'attribuer son malheur à son imprudence et à
»son état d'ébriété, en accusèrent le malin esprit possédé d'après eux par
»une vieille. Ils n'eurent que quelques mots à dire pour communiquer leur
»fanatisme aux noirs présents; on prit la vieille dans sa hutte, on la dépouil-
»la toute nue, et l'on voulut la jeter dans le fleuve à l'endroit où le cro-
»codile avait entraîné le pêcheur, espérant ainsi décider l'animal à lâcher sa
»proie. Nous autres blancs, nous nous interposâmes et recueillîmes la misé-
»rable; mais pendant plusieurs jours encore les noirs revinrent à la charge
»pour tâcher de se la faire livrer".

L'emploi du *moavi* (littéralement »bois empoisonné") est un autre
exemple de superstition. C'est une espèce de jugement de Dieu, auquel on
a recours lorsque les parties dans une contestation estiment que leur affaire
ne peut pas être bien jugée par des tiers. Les adversaires conviennent de
l'amende que le perdant aura à payer, s'arrangent avec un sorcier-médecin
(*macanga*), et se rendent avec lui dans un endroit écarté, chacun des deux
amenant un chien [1]). Le *macanga* prépare le *moavi*, breuvage empoisonné,
et on le donne à boire aux deux chiens; celui dont le chien vomit le poison
a gagné, celui dont le chien meurt a perdu et paie. Anciennement c'étaient
les parties elles-mêmes qui buvaient le *moavi*, et l'on peut penser à com-
bien d'innocents cette coutume a coûté la vie, d'autant plus que souvent le
macanga chargé de préparer la boisson judiciaire se laissait corrompre par
l'une des parties. C'est de cette dernière manière que ce duel est maintenant
encore pratiqué sur le Haut-Zambèze, en particulier dans le royaume de Ma-
routsé-Wabounda [2]) et chez les Mangandjas, en outre sur l'ancienne Côte
d'Or hollandaise [3]), dans le pays de Libéria [4]) et ailleurs encore. Les juges
reçoivent un présent des plaideurs et n'ont pas de salaire fixe.

Peut-être se cache-t-il aussi une superstition sous la manie généralement incurable des noirs du Zambèze, et à ce qu'on nous assure aussi de
ceux du bassin du Congo, de toujours placer à terre la chaussure de leurs

---

1) Les chiens et les poules sont les animaux domestiques des cafres. Leurs chiens sont petits, laids, maigres,
et doivent chercher eux-mêmes leur pâture.
2) Voy. Ratzel, ouvr. cité, p. 374.
3) Voy. J. S. G. Gramberg, *Schetsen van Afrika's Westkust*.
4) Voy. J. Büttikofer, *Reisebilder aus Liberia*, p. 330.

maîtres — eux-mêmes n'en portent point — le pied droit à gauche, et le gauche à droite.

Il n'y a plus de commerce d'esclaves dans la proximité des endroits où le gouvernement portugais s'est fixé. Cela ne veut cependant pas dire qu'il n'y ait plus rien qui ressemble à l'esclavage [1]). Les rois et les grands — ces derniers surtout métis de Goa, des îles portugaises de la côte occidentale et de la colonie même — possèdent d'ordinaire dans l'intérieur du pays un certain nombre de serfs; mais on n'en fait pas de trafic. Il se peut même que des noirs de rang commun possèdent un ou deux esclaves, souvent prisonniers de guerre; les prisonniers appartiennent à ceux qui les prennent, et il arrive que l'on fasse, là où le gouvernement n'exerce pas d'autorité, des guerres uniquement pour se procurer ce butin [2]). Il est difficile dans ces contrées de tracer exactement la démarcation entre personnes libres et esclaves. Par exemple, les femmes libres n'en sont pas moins vis-à-vis de leur père ou de leur époux dans un état de dépendance qui ne diffère pas d'un esclavage réel. Le gouvernement portugais fait tous ses efforts pour supprimer l'esclavage et la traite.

Les noirs paient à leurs chefs un impôt, soit sous forme de corvées, soit consistant en produits du sol (*moussocco*). Cette taxe représente dans les possessions portugaises sur le Zambèze environ fr. 4,50 par personne par an. Sur le Zambèze inférieur on commence en quelques endroits à réclamer en argent le paiement de la redevance.

Le rôle que les chefs ou rois noirs jouent dans la moitié méridionale de la colonie de Mozambique, est rempli d'ordinaire par des métis dans le bassin du Bas-Zambèze et dans les contrées voisines, (par exemple à Gorongoza); il n'y a là guère de chefs de clans, et même les noirs n'y sont point réunis en tribus.

Les métis (*mesoungos* [3]) sont d'ordinaire, comme caractère, inférieurs aux noirs; ils se sont assimilé les mauvaises qualités tant des blancs que des noirs, mais non pas les bonnes. Ils haïssent les blancs et méprisent les

---

1) Comp. l'article cité plus haut *Codigo dos millandos cafriaes*, chapitre *Dos casamentos de Bitongas com escravas*.

2) „Plusieurs tribus de l'Afrique Méridionale pratiquaient entre eux la traite" dit Hartmann, ouvrage cité. page 169.

3) D'ordinaire on désigne par le mot de *mesoungo* quelqu'un de sang mi-blanc, mi-de couleur. Cependant les indigènes désignent généralement par cette appellation tous ceux, quelle que soit leur couleur, qui vivent à la manière européenne, et cet emploi du mot a pénétré jusque dans la contrée au nord du Nyassa. (Voy. D. K. Cross, *Proc. Roy. Geogr. Soc.*, février 1891, p. 88).

noirs. Les femmes de couleur ne cohabitent pas avec les noirs, bien les hommes de couleur avec les négresses; — il n'y a presque pas de femmes blanches dans ces contrées.

Dans la contrée du Zambèze en amont de Senna les dominateurs métis résident souvent dans un *arinega*, groupe de huttes enfermées par plusieurs rangées de hautes et très fortes palissades. Là habitent avec eux leurs serviteurs, et ils y gardent de grands approvisionnements. Ainsi se trouve, entre Senna et Tête sur le Zambèze, l'*arinega* de Donna Louisa [1]), la sœur bien connue du terrible Bonga.

L'établissement dessine un vaste demi-cercle, dont la corde est formée par le fleuve et n'est pas fortifiée, de sorte que la vue s'étend librement jusqu'à l'autre bord. Le pourtour du côté de terre est fermé d'une enceinte continue en solides pieux, auxquels se mêlent quelques arbres vivants, percée en deux ou trois endroits de portes d'assez faibles dimensions. Près des portes et en quelques autres endroits, on a élevé des sortes de terre-pleins, qui permettent d'épier l'extérieur par dessus la palissade. On a coupé tout le bois dans un certain rayon, pour que personne ne puisse s'approcher sans être aperçu. Dans l'intérieur on a érigé deux grands magasins contenant des provisions de riz, de maïs, de fèves etc. Tout-à-fait au centre sont les bâtiments de la propriétaire et de sa suite, entourés par un très grand nombre de huttes en bon ordre, où demeurent trois mille cafres en état de combattre (*cipaes*). Ce grand village est très propre et l'on y a établi des puits. Il y a des *arinegas* bien moins importants, n'abritant, par exemple, pas plus d'une cinquantaine de *cipaes* [2]).

Les autorités portugaises ne voient de fort bon œil ni ces *arinegas* ni les tyrans locaux qui en font leurs nids, souvent se livrent à des exactions, entravent la navigation sur le fleuve et y lèvent des péages, et se font la guerre les uns aux autres. Les noirs prennent toujours absolument parti pour leur suzerain propriétaire d'*arinega*, et souvent ils en viennent aux mains sans même que leurs maîtres le sachent. Quand ceux-ci entreprennent une expédition, ils font part du butin à leurs *cipaes*. Il y a là un état d'anarchie que les Portugais cherchent à atténuer, d'une part en

---

[1]) Le royaume de Mapouta près de Lourenço-Marques est aussi soumis à une femme, la reine Zambea, qu'on appelle aussi Zandah.

[2]) Voyez le plan d'un *arinega* dans le *Boletim da Soc. de Geogr. de Lisboa* 1885 page 519.

L'*arinega* de Donna Louisa a été récemment démoli en partie.

faisant raser des *arinegas*, quand ils peuvent, d'autre part en conférant aux »grands" qui les détiennent des titres militaires, même parfois un traitement, mais en les obligeant alors à déployer le drapeau portugais et, au besoin, à assister le gouvernement de leurs troupes [1]). Ainsi à l'heure qu'il est les *arinegas* ont beaucoup diminué en nombre, en même temps qu'a baissé le pouvoir de leurs seigneurs et que ceux-ci sont devenus moins dangereux. Le plus redouté de ces »grands" a été le fameux Bonga, qui résidait vers le milieu de ce siècle à Massangano sur le Bas-Zambèze, où il possédait un *arinega* très fort et a exercé pendant quelque temps une grande puissance qui a donné bien du mal aux Portugais. Il avait dans les veines du sang indien et du sang nègre. Le nom de Bonga n'est qu'un surnom et depuis a toujours été porté par quelqu'un. Le vrai Bonga est mort il y a longtemps.

Les noirs adoptent très aisément ainsi des surnoms, qui dans l'usage se substituent alors à leurs noms véritables. Ils changent de nom à tout moment. Quand ils ont régulièrement affaire aux Européens, ils prennent souvent un prénom portugais, à moins que ce ne soit, en guise de nom, un mot portugais quelconque, ou même toute une phrase. Nous avons connu un noir qui se faisait appeler *vamos a ver*, »allons voir". Cette facilité de prendre une appellation quelconque, fait qu'il est inutile, en s'informant d'un noir particulier, de dire comment il s'appelle. Quant aux gens de couleur, ils adoptent, au petit bonheur, des noms de famille portugais, souvent des noms de personnages célèbres, ou des noms bibliques; par exemple Albuquerque, Jésus Maria, Messias, de Nazareth, etc.

Même les blancs sont désignés par les noirs, non pas au moyen de leurs vrais noms, mais au moyen de surnoms, empruntés avec un véritable esprit d'observation à quelqu'une des qualités qui les distinguent. On en trouvera un exemple dans un chant guerrier des Massinghiri, joint à ces pages. Comme, surtout sur le Zambèze, où l'influence portugaise a pénétré le plus loin et se fait le plus sentir, le Roi de Portugal et le Gouverneur Général sont les deux plus grands personnages existant aux yeux des indigènes, ceux-ci désignent aisément un blanc qui leur semble de haut rang par l'expression de »fils du Roi" ou »fils du Gouverneur Général". C'est

---

1) Nous sortirions du sujet de cette étude si nous nous étendions sur le thème intéressant qu'offrent les relations du gouvernement de Sa Majesté Très Fidèle avec les chefs et les noirs de l'intérieur.

d'une manière analogue qu'ils appelaient M. Muller, en sa qualité de chef des factoreries hollandaises, »fils du Gouverneur Général hollandais". Ils n'auraient même pas été loin de l'appeler Gouverneur Général, s'ils ne s'étaient pas figuré celui-ci comme un vieillard.

Quand les habitants d'un village (*colonos*) des bords du Zambèze apprennent l'approche d'un personnage de quelque rang, ils se précipitent à sa rencontre et se battent entre eux pour avoir l'honneur de porter son palanquin ou son hamac. Les mêmes querelles se reproduisent quand il repart, pour l'honneur de le porter un bout de chemin. Cet usage s'appelle *gandira*. Quand on est en voyage, l'avant-garde noire a soin de marquer le chemin, p. e. en plaçant un rameau ou en traçant une raie en travers du sentier, là où la troupe qui suit ne doit pas passer.

Les huttes des noirs de l'Afrique orientale présentent suivant les contrées une grande variété et le voyageur est nécessairement frappé de la lente amélioration qu'il y constate généralement en allant du sud au nord, s'éloignant de plus en plus de la civilisation européenne; on peut le voir dans une mesure en examinant nos planches XXV et XXVI. Zanzibar a les meilleures huttes; la pl. XXV, fig. 1 en offre une preuve, mais il faut remarquer qu'il y a plusieurs types différents dans le sultanat. Dans la contrée du Nyassa septentrional les habitations des noirs sont faites avec soin et témoignent d'une certaine aisance chez les habitants. Les parois, d'ordinaire de forme ronde, sont faites de bambou et de petites briques rondes, et supportent un toît qui surplombe. La porte est assez grande pour permettre d'entrer debout. A l'intérieur on trouve même un lit environ deux pieds plus haut que le sol, semblable à ceux des Veys de Libéria, et comme ceux-ci couvert de nattes de bananier [1]). Sur le Zambèze et dans le pays d'Inhambane les indigènes ont encore des huttes relativement belles et grandes, dans lesquelles ils peuvent se mouvoir à leur aise, quoique elles n'aient pas, comme celles de Zanzibar, une verandah et un plancher en bambou; il va sans dire, quant au plancher, qu'il existe dans les huttes construites sur pilotis, ce qui, du reste, est une exception [2]). Les parois sont en paille claire, soigneusement arrangée brin à brin, et sont surmontées d'un haut

1) Voy. D. K. Cross, *Proc. of the Roy. Geogr. Society*, février 1891, p. 87.
2) On rencontre sur les bords du Zambèze un assez grand nombre de huttes sur pilotis, ainsi construites pour mettre les habitants à l'abri, soit des bêtes féroces, qui pullulent, soit des inondations, qui sont très fréquentes.

toît, dont les lignes ne se confondent pas avec celles des parois. Dans le pays d'Inhambane les habitations sont d'ordinaire rondes avec des portes en bois, et le plus souvent carrées avec des portes en paille sur le Zambèze. — Parvenu à la latitude de Lourenço-Marques, on voit les huttes extrêmement simplifiées. Ce sont des dômes, dont le toît se confond presque avec les parois, avec une ouverture de la hauteur d'un homme pour y donner accès, laquelle est fermée seulement d'une couverture, d'une pièce d'étoffe ou d'une peau. Les tanières des noirs pur sang du pays de Natal sont souvent encore plus misérables. Ressemblant moitié à des niches à chiens, moitié à des ruches d'abeilles, parfois pas plus hautes qu'un homme, elles ne sont fréquemment guère plus habitables qu'un chenil. Dans ces contrées, les noirs ne se donnent très souvent pas la moindre peine pour construire confortablement et entretenir leurs demeures; la paille en est bientôt devenue brun-gris, les parois ont des trous et n'adhèrent par places plus au sol, il n'y a pas de porte; on y entre en rampant par un trou et l'Européen qui a osé s'y hasarder se hâte d'en ressortir. — Les huttes des tribus congénères des Zoulous qui habitent en arrière de Sofalla et d'Inhambane [1]) ont naturellement toutes le caractère des demeures de Zoulous; elles sont disposées en groupes (*kraals*), dont chacun est entouré d'une haie d'épine, et ressemblent sous beaucoup de rapports au type des figures 2 et 3 de notre planche XXVI. — Chaque épouse a toujours sa hutte à elle-seule. Dans le pays d'Inhambane c'est la coutume d'entourer d'une paroi en chaume les huttes appartenant aux divers membres d'une seule famille. On y nomme ces groupes *chouambou*, sur le Zambèze *loanna;* un village nègre s'appelle *povoçao*.

D'ordinaire l'existence d'un village de noirs s'annonce de loin par les cocotiers que les habitants plantent à l'alentour et dans l'intérieur du village. Ces arbres sont rares à l'état sauvage. On ne les plante pas en grand nombre, ce qui vient peut-être de la superstition assez répandue sur le Bas-Zambèze, en vertu de laquelle on croit que celui plante un arbre mourra peu après. Ce sont généralement les enfants qui sont chargés de cueillir les noix de coco; ils montent à l'arbre en s'aidant d'entailles faites dans le tronc. Parfois aussi on se passe de ce secours et le grimpeur s'aide, comme cela se fait sur la côte occidentale, d'un cerceau en joncs qui l'embrasse

---

[1]) Comp. *Districto de Inhambane* por A. A. Caldas Xavier (*Boletim da Soc. de Geogr. de Lisboa*, 1883, page 482).

obliquement lui et le tronc; à mesure qu'il s'élève, il le repousse en haut aussi loin qu'il peut, tout en appuyant fortement son propre corps en arrière contre le cerceau, ce qui lui permet d'appliquer solidement ses pieds contre le tronc. Les noirs eux-mêmes font peu d'usage des noix de coco. Généralement, quand celles-ci sont mures, ils les coupent en deux, puis les exposent au soleil, ce qui fait que l'amande blanche se sépare de la coque; alors on vend les amandes aux Européens pour en faire de l'huile. Cette denrée s'appelle *coprah*, et les nègres ne la cèdent presque jamais que contre de l'argent. Ils en abandonnent d'ordinaire la préparation aux femmes.

Les huttes des noirs sont d'ordinaire construites sans ordre, chacune où cela plaît au propriétaire; celui-ci ne paie rien pour l'usage du sol, ni pour les matériaux, qu'il a à recueillir lui-même là où la nature les lui offre. Les sentiers qui relient ces habitations sont en sable, libres de folles herbes et bien entretenus. Dans chaque village se trouve une hutte convenablement entretenue, destinée aux voyageurs. Une autre sert exclusivement aux accouchements. — Près de Tête les indigènes établissent de préférence leurs habitations sur les rochers, afin de mieux se prémunir contre les surprises. Ils taillent alors pour y parvenir, comme on le fait en Norvège, de longs escaliers; il faut quelquefois plusieurs heures pour y monter.

Il est rare que les huttes des noirs ne soient pas habitées en même temps que par eux par des armées de vermine, punaises et puces. Pour s'en garantir on creuse souvent dans le sol une fosse autour de l'endroit où l'on étend sa *fumba* pour se coucher, et l'on verse dans la fosse une infusion végétale qui tient éloignés les malcommodes insectes. Aucune hutte n'a de fenêtres, sauf quelques-unes des habitations des chefs et des noirs baptisés. Il va sans dire qu'aucune de ces habitations ne possède d'étage. Les cheminées font entièrement défaut, et la fumée n'a pour s'échapper que les insterstices des murs et du toît, et l'ouverture servant de porte. A l'intérieur de la hutte se voit une couple de poteaux servant à soutenir le toît, mais il n'y a presque jamais de partitions intérieures servant à subdiviser l'espace, en quoi ces huttes se distinguent de celles de plusieurs contrées de la côte occidentale. Il n'est pas rare au Zambèze de rencontrer des *paillottes* (huttes) dans lesquelles se trouve une sorte de grabat appelé *kitanda*, destiné à recevoir la natte pour dormir. En fait de meubles, il n'y faut chercher ni armoires, ni chaises, ni tables, ni lampes, ni même de coffres; il n'y a pas un seul réduit servant à serrer quoi que ce soit. Ce que l'on trouve dans la règle est une assagaie, une hache, une pelle (*en.vada*), un *foumba* (pl. XVI fig. 2), un arc et des flèches, quelques appuis pour la nuque, un petit nombre de pots en terre, un puisoir en calebasse, un ou deux pots à tabac à priser; et si l'on ajoute à cela ce que les noirs portent sur leur personne, une couple de couteaux, des amulettes suspendus à un collier, un mouchoir pour les reins et une petite tabatière, on aura une énumération assez complète des objets constituant l'avoir d'un noir ordinaire. Tous ces objets sont représentés en types variés sur nos planches; ceux qui s'y trouvent de plus sont des articles de luxe.

Ce n'est pas seulement dans la structure des huttes que l'on constate un recul à mesure que l'on se rapproche des contrées habitées par des blancs; l'industrie des noirs, et en général leur culture, suit la même dégradation. Ils perdent la leur sans adopter, sauf de rares exceptions, celle des blancs, surtout dans l'Afrique orientale. C'est en partie une conséquence du trafic d'esclaves auquel les blancs se livraient autrefois; une seconde cause de ce recul se trouve dans l'importation d'objets de fabrique européenne, qui reviennent à meilleur marché que ce que les noirs produisent eux-mêmes; et une troisième, dans l'usage des boissons alcooliques venues d'Europe.

Les métis ont des habitations qui, de même que leur couleur et leur manière de vie, tiennent le milieu entre les maisons des Européens et les huttes des noirs. Les parois sont en chaume, mais couvertes en dehors et en dedans d'un crépi en terre glaise, parfois peint d'une couleur gris-bleu, que l'on se procure en délayant dans l'eau de la cendre provenant du brou extérieur de la noix de coco; on obtient cette cendre en faisant brûler lentement le brou dans un trou fait dans le sol et recouvert de terre après qu'on a allumé les fibres qui le composent. Par devant l'habitation court une verandah, et à l'intérieur il y a des partitions, qui cependant n'atteignent pas le toît; ce dernier est très élevé et en chaume.

On fait peu d'usage de planches; celles qu'on importe d'Europe sont trop promptement attaquées par les insectes et le climat, et les planches indigènes coûtent trop cher. On les obtient en sciant de grosses poutres, appelées *vigas*. Il y a des espèces de bois indigène excellentes; le *moussocosso* (rigide, cassant et brun) et le *m'bila* (résistant et de couleur claire) sont les meilleures. C'est de la dernière espèce que l'on construit les embarcations. Quant aux pilliers qui soutiennent le toît, ils sont de production indigène, peu épais, mais très solides; on les nomme *palospalos*.

Il n'existe en général de routes nulle part en Afrique, sauf dans les contrées habitées par les blancs; dans le Sud-Est il n'y en a point du tout. Il n'y a que des sentiers, frayés peu à peu par les pieds de ceux qui les parcourent. C'est du reste tout ce qu'il faut aux noirs, qui ne font pas usage de chariots, sauf quand les maîtres au service desquels ils se trouvent en ont à leur disposition et ceci est rare dans la colonie. Ils n'emploient point d'animaux non plus pour les transports, si bien que toutes les denrées voyagent sur leur tête. Cependant on a commencé il y a quelques années à construire des chemins de fer; de plus, la mouche *tsétsé* ayant disparu depuis quelque temps du district de Lourenço-Marques, on y utilise maintenant le bétail comme bêtes de somme [1]).

1) En relisant ce qui a été imprimé, nous trouvons à signaler les corrections ou additions suivantes:

Page 6. 7me ligne d'en haut. Lisez *noirs* au lieu de *Zoulous*.

Page 8. 15me ligne d'en haut. Biffez le mot *celles*.

Page 11. La façon la plus commune de déformer l'organe sexuel des femmes au Zambèze est la suivante. Vers l'âge de huit à neuf ans, les jeunes filles, assistées de leurs mères ou de veilles femmes, commencent à se frotter matin et soir l'organe en question avec une fève grise, qui contient des matières oléagineuses; elles le tirent ensuite autant que possible en bas à l'aide de deux coquillages, et répètent journellement cette opération jusqu'à ce que l'organe se soit allongé d'environ *la moitié* de la largeur de la main.

Même page. Nous aurions dû ajouter „souvent" à la phrase „ces difformités disparaissent néanmoins vers l'âge de huit ans", car il n'est point rare de rencontrer des personnes nubiles dont le nombril a conservé sa forme extraordinaire.

Page 14. Peut-être est-il superflu d'ajouter que la besogne des femmes ne leur est pas rigoureusement réservée, non plus qu'aux hommes la leur. Il arrive par exemple, surtout au Zambèze, que ce sont les hommes qui récoltent le caoutchouc; dans ce cas, c'est qu'il faut faire des marches si longues et endurer à cause du manque d'eau et de nourriture tant de privations, que les femmes ne pourraient pas y suffire.

Page 18. Il ne faut pas conclure de nos observations que les indigènes parlent partout au Zambèze la même langue ou le même dialecte. Par exemple voici comment on compte

à Quilimane et au Bas-Zambèze.

un	moda	posso
deux	bili	bili
trois	taro	dato
quatre	nai	china
cinq	tano	chano
six	tano-moda	tentato
sept	tano-bili	chinomma
huit	tano-taro	céra
neuf	tano-nai	voumba
dix	coumi	coumi

Les *l* et les *r* sont continuellement pris l'un pour l'autre.

Page 19. En parlant des œufs les mots „crus ou peu cuits" manquent par erreur dans le texte; on voit quelquefois des noirs au Zambèze manger des œufs, quand ceux-ci sont cuits tout-à-fait durs.

Chez les tribus qui vivent de l'élève du bétail, le lait fait parfois partie de la nourriture.

Page 21. La coutume de prodiguer des jeunes filles aux étrangers de distinction n'atteint pas les proportions d'une règle générale.

Page 22. Il est d'usage au Zambèze qu'à la mort d'un membre de leur famille ou de leur chef, les nègres et les négresses se rasent complètement la tête et l'entourent d'un morceau de coton blanc en forme de bandeau.

Page 23. L'alcool n'est pas au 95 %, mais au 45 %.

A PROPOS DE NOS PLANCHES.

On trouvera sur nos planches la représentation de plusieurs objets du Zambèze dont les noirs ne font pas usage eux-mêmes, mais qu'ils fabriquent, ou du moins ornent à leur manière, pour les vendre aux étrangers. On les nomme *chibanté*. Citons par exemple, pl. XXIV, fig. 1, le tapis de table en grains de verre colorés, auquel une vingtaine de femmes ont travaillé assidûment pendant plus d'un an. Ce genre d'objets ne doivent pas être considérés comme sans valeur au point de vue ethnographique, puisqu'ils font voir de quoi au besoin les noirs sont capables; c'est ainsi que l'arrangement des couleurs de notre tapis de table est de l'invention des ouvrières elles-mêmes, et donne à cet objet une importance qui lui méritait de figurer parmi nos dessins.

Dans cette collection il n'y a pour ainsi dire point d'objets faits ou décorés avec du cuir (peau préparée). L'art de préparer les peaux n'est bien pratiqué en Afrique que par les noirs mahométans, chez lesquels seuls aussi il est généralement répandu. Les gaînes de poignard des habitants des bords du Zambèze sont en bois, quelquefois en ivoire; au Sud et au Sud-Ouest de l'Afrique, aussi en bois; mais à Libéria, dans la partie musulmane de la côte nord-est, et souvent dans le Nord, elles sont revêtues de cuir artistement orné. Dans les mêmes contrées les boucliers aussi sont en cuir, tandis que ceux des cafres du Sud-Est sont faits d'un morceau de peau non tannée, encore garnie de poil, séchée simplement au soleil. Les Bétchouanes, les Hottentots de race pure, les Boches-manes et leurs croisements, se vêtent de peaux qui ont conservé leur poil. Les noirs mahométans de Libéria font pour toutes sortes d'objets des décorations en cuir bien travaillé, mais leurs proches voisins non soumis à

l'Islam n'emploient pas du tout cette matière. — Peut-être ce fait se trouve-t-il
en rapport avec la préférence des noirs mahométans pour l'élevage du bétail,
le coran les détournant de l'agriculture. Quant au Zambèze et, quoique dans
une moindre mesure, à toute la côte orientale jusqu'au Limpopo, la chose s'expli-
que par la grande rareté du bétail à cornes et aussi d'autres animaux dont
la dépouille est propre à faire du cuir; c'est ainsi qu'il y a quelques années
il ne se trouvait qu'un seul et unique cheval dans toute la colonie de Mozambique.

Nous avons représenté sur la planche XXVII, fig. 3, sous les lettres
A, B, C et D, quatre types principaux de nattage fait en fil de laiton, de
cuivre ou de fer. Ils diffèrent très fort du nattage Zoulou [1]). C'est à ces
modèles que nous renvoyons dans le texte descriptif au moyen des quatre
mêmes lettres. Le fil de métal est importé. Quand il se trouve trop épais
pour l'usage que les noirs en veulent faire, ils l'étirent eux-mêmes. Chez les
peuples dont nous nous occupons n'existe pas l'usage, qui se trouve chez
les Basoutos, et aussi sur la Côte d'Or et sur la côte sud-ouest de l'Afrique, d'employer à l'ornementation les cloux et les boutons de cuivre dont
font usage les ébénistes d'Europe et qu'on importe en Afrique.

Il faut remarquer au sujet des objets en fer de cette collection que
les noirs ne savent pas durcir ce métal; tel qu'ils le travaillent, il a bien
la flexibilité, mais non l'élasticité de l'acier. On connaît la corrugation caractéristique des armes africaines, cette ondulation longitudinale donnée à la
lame [2]). Quelques-unes de leurs armes ont cette particularité, d'autres, quoique de la même sorte, pas [3]).

Les haches (appelées *m'basou* sur le Zambèze) qui se trouvent dans
cette collection [4]) s'emploient aussi bien comme outils que comme armes.
Dans l'outil agricole — le seul employé dans la colonie, les charrues par
exemple y sont inconnues — le manche est très court, et le fer y est planté
dans le travers. C'est une sorte de bêche ou de houe, employée aux champs
exclusivement par les femmes et les enfants, et appelée *enxada* par les Portugais. On ne peut pas transformer cet instrument agricole en hache de

---

1) Voy. la pl. XVI, fig. 6 et la description.   2) Voy. la pl. XXVII, fig. 5.
3) Comp Hough, *On the corrugation in African swordblades*, etc.
4) Le musée de Copenhague possède (N°. 172ª, page 53 du catalogue) une hache des Ovampos, Sud-Ouest
de l'Afrique, tout-à-fait conforme au type représenté sur notre planche II, fig. 7 à 11, sauf que le manche de celle de
Copenhague est plus grossier. — Comp. aussi dans l'ouvrage cité de Ratzel, à la page 222 une hache de cafres, à la
page 286 une hache des Bamangwatos, et à la page 449 une hache des Wanikas.

guerre, ou vice-versa, en changeant la position du fer; du moins celles que nous avons vues n'avaient qu'une seule fente dans le manche, longitudinale, point de transversale. [1]) La hache Nº 9 de la pl. I ne s'emploie que pour abattre des arbres. Comme elle est très lourde, elle est maniée par les hommes seuls, qui, dans le bassin du Zambèze — remarquons-le en passant — se chargent d'ordinaire des parties de la besogne des femmes qui demandent beaucoup de force physique, ce qui se présente surtout en matière d'agriculture.

En ce qui regarde les assagaies, notons que sur le Zambèze elles ont presque toujours à l'extrémité inférieure une pointe en fer, qui manque généralement aux assagaies d'Inhambane et des contrées situées plus au sud. Cette pointe sert à appuyer l'arme obliquement contre le sol pour recevoir sur le fer un ennemi qui charge, et aussi, quand on se sent attaqué par derrière, à frapper en arrière sans retourner l'arme. C'est l'arme indispensable du noir à la guerre, et il ne manque non plus jamais de l'emporter en voyage; il s'en sert alors comme d'un bâton pour la marche. Un nègre en route fait l'effet d'un guerrier en campagne, avec son assagaie, sa hache de combat, souvent son arc et ses flèches, et parfois son casse-tête, *kiri*. Cette dernière arme est très rare dans le Mozambique, mais en grand usage parmi les noirs du Sud de l'Afrique. Les assagaies, du moins celles de sortes ordinaires, n'ont rien de rare; sur le Zambèze, ces armes, ainsi que les appuis pour la nuque et que les arcs et les flèches, sont si abondantes qu'on peut se les procurer, comme on dit, pour un morceau de pain.

On n'a pas de javelots dans les contrées qui nous occupent [2]).

On ne voit que peu de boucliers le long du Zambèze inférieur, bien dans le bassin supérieur du fleuve. Les Zoulous au contraire et les tribus qui se rapprochent d'eux les considèrent comme indispensables. Pour les orner, ils aiment à employer des bandes d'une peau dont la couleur tranche sur celle du bouclier, ce qui produit les séries de carrés caractéristiques de ce genre d'armes. On verra sur les planches V et VI que ces carrés ont sur les boucliers des Zoulous pur sang une forme différente de ceux des autres boucliers représentés. Le bouclier de Gaza (Pl. VI, Nº 4) se

---

1) Il y en a un bon dessin dans l'ouvrage de Ratzel, p. 222.
2) Voy. Ratzel, p. 532 et 541.

distingue des autres en ce que la couleur de la bande est la même que celle du bouclier.

L'esquisse que voici donne une idée de la manière dont on assujettit la corde d'un arc au bois.

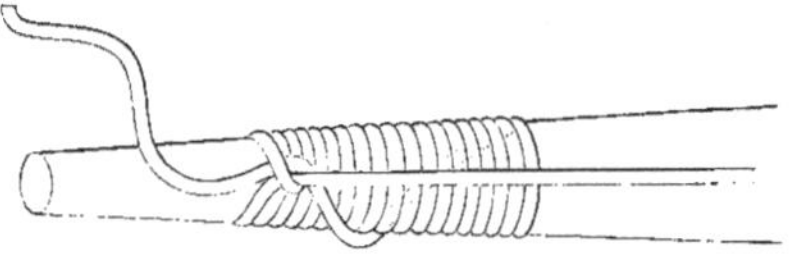

Ce dessin se rapporte aux planches VII et VIII, de même que celui de la figure 1 de notre planche XXVII [1]), qui fait voir la manière dont on empenne les flèches. C'était aussi notre intention de donner, d'après des photographies rapportées du Zambèze par M. Muller, des dessins représentant le tir à l'arc; mais nous y avons renoncé après avoir pris connaissance de Morse, *On ancient and modern method of arrow-release*, pages 5 à 11.

La figure 1 de la planche XXVII représente un couteau avec sa gaîne, vu de profil. Elle a pour but de faire voir distinctement l'embrasse ménagée dans le bois de la partie antérieure de la gaîne, et le pied de celle-ci, d'une seule pièce avec elle, incliné vers le bas. On voit par nos dessins que le côté antérieur de la gaîne, celui qui reste en dehors quand on passe le couteau dans sa ceinture, est d'ordinaire orné de sculptures. Dans la contrée du Zambèze on rencontre parfois des poignards triples à triple gaîne, dans le genre des poignards doubles des figures 5 et 7 de la planche X. Remarquons, à propos des gaînes faites en partie d'ivoire, que cette substance telle qu'on la trouve sur la côte orientale est de fort belle qualité, mais peu abondante et par conséquent chère; on en trouve bien davantage, par exemple, dans le Congo et sur la Côte d'Or, où aussi on le travaille beaucoup. Dans le Sud-Est de l'Afrique, c'est surtout au Zambèze que l'ivoire s'apporte; les ports d'autres contrées ne l'attirent pas. La plupart des noirs qui se livrent à la chasse de l'éléphant apportent leur ivoire à Tête sur le Zam-

---

1) Cette planche renferme des dessins d'objets que nous n'avons reçus qu'après que les autres planches eussent été tirées, de sorte que nous n'avons plus pu leur assigner la place qui leur appartiendrait dans la série. — Les objets représentés aux figures 6 et 7 de la planche XXVII sont en bois.

bèze; les Matapis l'apportent souvent aussi à Quilimane, situé sur une des bouches du Zambèze.

On fume sur les bords du grand fleuve un tabac très fort, de bonne qualité, mais impropre à l'exportation à cause de la manière dont les noirs le préparent, et qu'ils sont beaucoup trop routiniers pour vouloir modifier. Après avoir humecté les feuilles, on les roule sous forme de cordelettes, que l'on tord ensuite ensemble de façon à en faire un cable de la grosseur du poignet. On fume aussi beaucoup de chanvre dans le Sud-Est de l'Afrique, de même que dans toute l'Afrique méridionale et dans le bassin du Bas-Congo. Dans l'Afrique méridionale on l'appelle *dagga*, chez les Zoulous, *isanghou*, et chez les noirs du Zambèze, *bangoue* [1]). Il se fume soit seul, soit avec un mélange de tabac, et répand en brûlant une odeur très désagréable. Il étourdit la tête et cause une toux particulière très intense, que les noirs accompagnent de sons de toute sorte et de chant. Ils en prennent la passion, comme de l'eau-de-vie, et l'abus qu'ils en font finit par les abrutir. Nous n'avons pas remarqué que nos noirs chiquent. Ils fument le plus ordinairement des cigarettes roulées dans des feuilles de bananier; ils se les passent de bouche en bouche. Ils ne tiennent pas à la main les cigarettes qu'ils viennent de rouler et qu'ils n'allument pas encore, ou celles qu'ils ont à moitié brûlées, mais, comme les Malais, ils les passent derrière l'oreille. Ces cigarettes s'appellent *canouda* au Zambèze. Les pipes représentées sur nos planches sont des articles plutôt de luxe; les noirs du commun n'en possèdent en général point et se contentent en guise de pipe d'un morceau de roseau (*caniça*) qu'ils remplissent en partie de tabac. S'ils se trouvent sans pipe [2]), il leur arrive, comme aux noirs du Sud-Ouest du Transvaal, de la remplacer par un trou fait en terre, où ils allument du tabac, pour en aspirer la fumée par une ouverture faite à côté en enfonçant obliquement un bâton dans le sol, jusqu' au trou où est le tabac.

Tous les cafres du Sud-Est de l'Afrique sans distinction prisent abondamment. Ils se bondent les narines de tabac, au point que les larmes leur jaillissent des yeux; mais ils n'éternuent pas. Souvent ils ajoutent un

---

1) E. Durand, *Exploration au Zambèze*, le nomme *canghamo* (*Revue française Gazette géographique*, 1877, p. 276).

2) Voy. pl. XI, fig. 6 etc., et comp. la pipe du même genre, mais venant du Sud de l'Afrique, représentée à la page 215 de l'ouvrage de Ratzel. Les Portugais appellent *cachimbo* une pipe à tabac et ce mot est aussi employé au Sud-Est de l'Afrique. Dans *Trente ans de Paris* de Daudet on peut voir à la page 167 que le mot *cachimbau* est usité en Provence.

peu d'alcool à leur tabac, pour l'entretenir humide et le rendre plus fort. Les tabatières en usage chez eux affectent les formes les plus variées [1]) et servent à y mettre non seulement du tabac, mais aussi des médecines et des charmes. Ils en portent toujours une sur eux, tantôt dans les plis de leur ceinture de décence, tantôt suspendue à un collier, tantôt passée dans un trou pratiqué dans le lobe de l'oreille.

L'emploi décoratif de grains de verre colorés est général sur la côte sud-est et dans le Midi de l'Afrique. Certaines femmes acquièrent une grande habileté à revêtir d'une enveloppe bien ajustée en perles de verre toutes sortes d'objets, comme tabatières, puisoirs et autres; c'est un ouvrage difficile et qui demande de l'art. Du reste, il ne se pratique pas partout dans une égale perfection; il y a en particulier une vaste différence entre ce que font les femmes Zoulous, et les produits de leurs sœurs des bords du Zambèze. Ces dernières emploient d'ordinaire des perles plus petites que les femmes Zoulous, ce qui permet de mettre plus de variété dans les dessins; ensuite les patrons du Zambèze sont plus achevés dans l'exécution, et aussi plus compliqués, parce qu'on y emploie un plus grand nombre de nuances [2]); enfin les femmes Zoulous arrangent les couleurs avec beaucoup moins de goût [3]); elles placeront les unes à côté des autres plusieurs nuances pâles, sans éclat, du bleu clair, du rose et du blanc, tandis que les ouvrières du Zambèze auront soin de faire intervenir entre ces nuances des couleurs plus voyantes, qui donneront au tout un aspect beaucoup plus agréable. Ainsi, une négresse de l'île de Chiloane près de Sofalla, où cet art se pratique le mieux, ne fera jamais suivre du bleu par du vert. Les Basoutos juxtaposent beaucoup les couleurs claires les unes aux autres, et quant au Fingos (Colonie du Cap), ils se signalent par leur prédilection pour le noir placé à côté du blanc, sans intervention d'autres couleurs. Ces perles sont toutes de fabrication vénitienne. On les enfile sans l'aide d'aiguille, et cela ne marche pas vite. Quant à la grosseur, les gens du Zambèze emploient les plus petites, puis viennent les Zoulous, après eux les Fingos, et enfin les Basoutos, qui emploient les plus grosses [4]). — Nous avons remarqué dans le musée Suermondt d'Aix-la-Chapelle un couvert en fer, vieux d'une couple de siècles, petit comme c'était l'habitude au 17ᵉ siècle, la fourchette

---

1) Voy. pl. XI et XII.　　　2) Voy. par ex. pl. XIX, fig. 3 et 11, et pl. XX, fig. 5.
3) Voy. pl. XVI, fig. 8 et pl. XI, fig. 15.　　　4) Voy. pl. XIX, fig. 6.

à trois dents. Le manche, tant du couteau que de la fourchette, était recouvert de grains de verre à la manière de l'Afrique orientale. Le conservateur du musée ignorait la provenance de ces objets. Peut-être faut-il les considérer comme des *chibante;* ils se pourrait qu'un voyageur qui visitait l'Afrique à l'époque d'Olim ait eu l'idée d'y faire orner son couvert particulier d'une façon qui en faisait quelque chose de très original. — Outre leur emploi décoratif, les grains de verre servent aussi comme moyen d'échange, comme il a été remarqué plus haut.

De même que l'ornementation au moyen de perles en verre a des caractères différents sur le Zambèze et chez les Zoulous, on peut distinguer deux tendances quant à la manière de décorer les objets en bois. Sur le Zambèze, la sculpture est le principal; on ne colore guère le bois, ou si on le fait, on donne la même teinte aux parties sculptées qu'au reste de l'objet. Les Zoulous en revanche dessinent des figures en noir, sans qu'il soit besoin pour cela que le bois ait été enlevé auparavant pour les former en creu. Ces figures, comme sur le Zambèze, affectent généralement des formes géométriques.

Les noirs savent préparer eux-mêmes des boissons fortes. La principale est la bière des cafres, tirée du sorgho, rafraichissante quand elle est nouvelle, mais devenant bientôt très alcoolique et enivrante; elle a l'aspect trouble. Sur le Zambèze ils la nomment *pombe* ou *bouadwe*, chez les Zoulous *tiwala*. Ils font aussi du vin de palmier, de même que sur la côte occidentale. Une autre boisson forte est le *soure*, sève qui découle du bourgeon à fruits du cocotier lorsqu'on le coupe. Cette sève a l'aspect du petit lait; pendant quelques heures elle garde une saveur légèrement sucrée, après quoi elle fermente rapidement, prend une saveur alcoolique agréable, mais devient bientôt après acide et impotable [1]). Enfin, surtout à Inhambane et sur la côte faisant face à l'île de Mozambique, ils obtiennent par la distillation des noix de *cajou* une boisson très forte, avec laquelle, durant les semaines pendant lesquelles ce fruit se récolte, la majeure partie de la population male indigène s'enivre sans interruption. Les grandes cuillers en bois représentées sur notre planche XIII servent à remuer la bière des cafres; les noirs n'en ont pas besoin pour porter leur nourriture à leur bouche, les mains leur suffisant pour cela.

---

1) Comp. Durand, ouvr. cité, page 194.

Les indigènes des bords du Zambèze sont habiles vanniers. Ils emploient comme matière première des rameaux refendus, *lakka-lakka*, le roseau, *caniça*, ou le jonc herbeux, *moulella*. Suivant la grandeur et la forme des corbeilles qu'ils font, ils les nomment au Zambèze *chitoundas* ou *micobas*; les dernières sont sans couvercles, les premières en possèdent. Tous les cafres de l'Afrique méridionale savent faire des corbeilles étanches, mais les *Kosas* de la Colonie du Cap y sont tout particulièrement habiles. Les noirs savent aussi fabriquer de la corde ou de la ficelle au moment où ils en ont besoin; ils ont vite fait de recueillir des fibres propres à cet usage et de les tordre.

L'appui pour la nuque, auquel on donne les formes les plus diverses, est un des objets considérés comme indispensables par les cafres, et ils en portent toujours un avec eux, suspendu à leur ceinture. Ceux du Zambèze constituent un type très différent de ceux que l'on fait en arrière d'Inhambane; et de leur côté ceux des contrées plus méridionales ont un cachet à eux, différent des autres. On peut à leur aspect deviner à quelle tribu appartenaient ceux qui les ont fabriqués; ils font partie de ce que l'on pourrait appeler les objets ethnographiquement typiques. Ainsi, ceux provenant des tribus établies en arrière d'Inhambane et apparentées aux Zoulous, que nous reproduisons, par exemple à la planche XIV, figure 13, offrent une grande analogie avec l'appui Zoulou donné par Ratzel à la page 249 de son ouvrage.

Les serrures faites par les noirs sont très rares dans le Sud-Est de l'Afrique. Les cafres de ces contrées ferment leur porte, dans le pays d'Inhambane, généralement avec un verrou en bois ou un tourniquet, et sur le Zambèze le plus souvent avec de *moulella*; l'on n'importe point chez eux de serrures en fer avec clef; même les cadenas sont invendables parmi eux. Notre planche XV donne à la figure 7 la reproduction d'une serrure en bois, telle qu'on en trouve à Inhambane. Qu'on en lise la description et que l'on veuille bien la comparer avec la note suivante, que nous trouvons dans le *Nouvelliste de Batavia* [1]) du 7 décembre 1891:

»Le journal anglais *the European Trade Mail* rapporte la découverte d'une serrure égyptienne vieille de plus de quatre mille ans. Les anciens Egyptiens ne faisaient pas comme nous leurs serrures en métal,

---

[1]) *Bataviaasch Nieuwsblad.*

»mais en bois, et la clef aussi était en bois. Contre l'un des montants de
»la porte était assujetti un crampon en bois, dans lequel pouvait passer un
»verrou se mouvant contre la porte elle-même. Si l'on enfonçait le verrou
»aussi loin que possible dans le crampon, trois chevilles se mouvant dans
»la partie supérieure de ce dernier tombaient dans trois trous pratiqués
»dans le verrou, et l'immobilisaient jusqu'à ce que l'on relevât les chevilles.
»Pour clef on employait une pièce de bois munie à son extrémité de trois
»chevilles à égales distances les unes des autres que celles du crampon; on
»l'insinuait dans une coulisse du verrou, et en la soulevant on soulevait
»les chevilles faisant arrêt; alors on pouvait tirer le verrou".

La ressemblance de ce système avec celui de notre serrure est frappante, et elle paraît d'autant plus digne d'être relevée que la contrée en
arrière d'Inhambane, d'où vient notre serrure, a été anciennement occupée
par une autre population que celle qui l'habite actuellement, — que c'est de
ces antiques habitants que proviennent les ruines bien connues qui existent
dans ce pays, — et que les savants recherchent avec un vif intérêt tout ce
qui pourrait servir d'indice de l'origine des premiers occupants.

Le modèle d'embarcation représenté à la figure 3 de la planche XVI
donne une idée des canots indigènes. Il ne présente cependant pas la forme
la plus fréquente, qui en diffère par la structure de la poupe, saillante de
même que la proue, et non verticale. Ces canots se nomment *almadia*.
Ils n'ont point de gouvernail. Il y en a qui ne se montent que par une personne seule, et qui ne sont pas munis de bancs; mais les trajets de quelque
étendue se font dans des *almadias* plus grands, munis d'un, de deux ou
de trois bancs. L'équipage (*tripulaçao*) de ces grands canots est formé de
deux matelots ou rameurs par banc, appelés au Zambèze *manamasi*, d'un
maître (*marimo*) et d'un piloteur (*cadammo*). Ce dernier se tient debout à
la proue pour sonder avec une perche la profondeur incessamment changeante
du fleuve. Le *marimo* gouverne au moyen d'une pagaie et commande.
On emploie aussi sur le Bas-Zambèze un modèle un peu différent de *l'almadia*, appelé *cocha*; la forme générale en est celle de *l'almadia*, mais il a
un gouvernail assujetti à la poupe par des liens en herbe (*moulella*). Ce
sont de grandes embarcations, montées, outre le *cadammo* et le *marimo*,
par six *manamasi*.

Passons maintenant aux vêtements. Là où la civilisation européenne a un peu pénétré, on peut voir parfois un noir coiffé d'un chapeau; dans la règle les cafres vont nu-tête. Aussi les couvre-chef représentés sur notre planche XVII sont-ils très rares; seuls les *feticheiros* les portent, outre certaines circonstances particulières où l'on s'en affuble. Les chapeaux à forme imitée de ceux d'Europe reproduits sur notre planche XV sont aussi une grande rareté. En ceci la côte orientale diffère de l'occidentale, où les noirs prennent de plus en plus l'habitude de se couvrir la tête de coiffures de tous genres. Ceci est aussi le cas dans l'Afrique méridionale, où les cafres portent volontiers un feutre et une chemise (ce qui est rare dans le Sud-Est), et quelquefois même un pantalon. Le pantalon est obligatoire dans les villes de l'Afrique méridionale; dans le Sud-Est il n'est porté que par les nègres baptisés.

Le costume le plus général tant des hommes [1]) que des femmes dans le Sud-Est est des plus succincts. Il consiste en un mouchoir jeté légèrement autour des reins, avec, au dessous, une petite pièce d'étoffe pour la décence; parfois ce dernier article manque, mais rarement. Le buste reste presque toujours nu. Seulement quand elles viennent en ville, les femmes sont tenues par les ordonnances de se couvrir le buste d'une pièce d'étoffe; et encore ne le font-elles pas toujours. La même ordonnance s'applique dans les villes du midi. Souvent, à l'intérieur des terres, tout ce que portent les noirs des deux sexes se réduit à un bout d'étoffe de la largeur de la main, tantôt tout simple, tantôt orné de grains de verre. Jusque vers l'âge de huit ans les enfants ne portent aucun vêtement du tout. Les étoffes de coton ont peu pénétré dans le pays de Manica et au nord de Tête sur le Zambèze; là on emploie d'ordinaire, pour la décence, des queues de vache ou des lambeaux de cuir [2]).

On fait grand usage pour se vêtir, dans tout le pays situé en arrière d'Inhambane, de morceaux d'écorce, que l'on détache du tronc de l'arbre particulier qui la produit, et que l'on bat, ce qui l'étend tout en la rendant plus mince. On obtient ainsi des pièces flexibles qui peuvent mesurer jusqu'à 1,50 M. sur 1. On nomme cette écorce ainsi préparée *mapouta;* elle est rouge-brunâtre, mince et a un peu l'aspect du cuir. On la porte aussi sur le Haut-Zambèze, chez les Makalakas, sur les bords du lac Nyassa, puis

---

1) Voy. pl. XVII, fig. 9 et 10.   2) Voy. pl. XVI, fig. 7.

au Congo et dans quelques autres contrées. Les noirs l'emploient, non seulement pour se vêtir, mais encore comme emballage.

Les femmes métis et les femmes noires des blancs ou des métis portent une jaquette à courtes manches, qui descend jusqu'aux hanches, puis légèrement attachée autour des reins une très large pièce d'étoffe, qui tombe sur les pieds, et une seconde pièce semblable, qui va des aisselles aux genoux [1]). Il est juste de dire que la moralité des négresses est en proportion inverse de l'abondance de leurs vêtements.

Le *mouchecca* [2]) est une ceinture portée par les femmes aisées sous leurs vêtements de dessus, soit pour retenir leurs pagnes, soit de façon à comprimer leurs seins vers le bas et à les faire pendre. On le fixe par devant en le serrant, puis en passant dessous les deux bouts. Les femmes commencent à le porter sur les seins après qu'elles ont eu pour la première fois la compagnie d'un homme. En augmentant ainsi artificiellement la tendance naturelle de leurs seins à pendre quand elles n'ont plus leur virginité, les femmes croient augmenter leur beauté. Cet usage existe aussi chez les Mondombes de la côte occidentale. Sur la côte orientale les seins des femmes s'allongent tellement qu'elles peuvent souvent allaiter par dessus l'épaule les enfants qu'elles portent sur leur dos; les femmes hottentotes le font parfois par dessous le bras. — Les mouchoirs et ceintures représentés sur nos planches XVI, XVIII et XIX ont été fabriqués par des indigènes.

Le tissage est d'ordinaire réservé aux hommes. Ils emploient un métier dont Livingstone donne le dessin [3]).

Les noirs du Sud-Est de l'Afrique refusent pour leurs vêtements les étoffes dont la couleur n'est pas solide, parce qu'ils veulent pouvoir les laver. Ils sont très propres sur leur personne et se baignent, ou du moins se lavent le corps, plus d'une fois par jour, quoique sous ce rapport, d'après nos observations personnelles, ils ne soient pas encore de la force des indigènes de Libéria et de la Côte d'Or, qui donnent à ceux qui les dominent un exemple que ces derniers feraient bien de suivre. Nous avons remarqué que les noirs perdent de leur goût pour la propreté à mesure qu'ils entrent plus en contact avec les blancs.

---

1) Voy. pl. XVII, fig. 8.   2) Voy. pl. XVIII.
3) Ouvr. cité, p. 112. — Comp. Durand, ouvr. cité, pages 439 et 440.

Non seulement les indigènes du Sud-Est de l'Afrique ne portent point de mauvaises couleurs, en outre ils repoussent entièrement le vert et le brun dans les étoffes dont ils se revêtent. Ils ont peu d'estime aussi pour le rose, le noir, le jaune, l'orange et le bleu clair, en n'en veulent que relevés par d'autres couleurs. Celles qu'ils aiment le plus sont le rouge, le bleu foncé et le blanc. Quand ils choisissent ce qu'ils porteront, ils se montrent sans doute enclins à la bigarrure, mais non pas sans faire preuve d'un certain goût [1]).

De même que chez les blancs les militaires portent des habits plus ornementés que les bourgeois, les noirs qui vont à la guerre ou qui font quelque manœuvre militaire, par exemple pour exécuter la danse guerrière, se distinguent des autres par leurs vêtements plus ornés; ils s'enduisent aussi le corps avec de la terre colorée, et croient ainsi imposer davantage à l'ennemi.

Chez presque toutes les tribus de noirs se voient des anneaux de toute sorte de forme et de matière, pour les bras, les jambes, les poignets, la cheville du pied, et parfois aussi pour l'avant-bras. On les fait généralement d'ivoire sur la côte orientale. — Les cafres ne portent jamais de sandales, à la manière des Hottentots et des Bochesmanes.

La musique des cafres est rude et peu harmonieuse; plus leurs musiciens font de bruit, plus ils ont de plaisir. Les grands tambours, fort en usage, par exemple à l'occasion des fêtes de nuit (*battouques*), sont les plus bruyants de leurs instruments [2]). On tend la peau sur certains d'entre eux an moyen de ficelles et de cerceaux; pour d'autres, on la chauffe avant de la tendre. En outre d'ordinaire on la frotte de graisse, d'huile ou de cire pour en augmenter la raisonnance. Si un nombre un peu considérable de noirs voyagent de compagnie, ils ont toujours avec eux un grand tambour, que l'on se met à battre sous le moindre prétexte On distingue les *biri-ouiri* ou tambours de guerre, et les *'ngomma*, dont on se sert dans les fêtes, en voyage, etc. Les premiers sont représentés par les N°s 5 et 6 de la planche XXIII; ils diffèrent des *'ngomma* (voyez par exemple les N°s 1 et 4 de la même planche) par la partie qui fait sac en bas. En temps de guerre on coupe la tête à des prisonniers en les tenant au-dessus des *biri-ouiri*,

---

[1]) Tout de même que chez nous, il y a chez eux, même parmi les peuplades qui vivent dans l'intérieur, des modes réglant le choix des étoffes.

[2]) Voy. pl. XXI, fig. 10 et pl. XXIII, fig. 1, 2, 4, 5 et 6.

dont on a enlevé la peau, pour que le sang y coule. Dans les fêtes on fait entendre plusieurs *'ngomma* à la fois, chacun donnant une note de la gamme différente des autres; un orchestre complet se compose généralement de huit *'ngomma*. Les grands tambours se jouent avec la paume de la main, les petits avec de petits bâtons.

Toutes les fêtes, toutes les cérémonies, même de minime importance, sont accompagnées de coups de fusil, tirés avec des armes se chargeant par la gueule et dans lesquelles alors les noirs mettent une quantité énorme de poudre. De plus les nègres font autant de bruit qu'ils peuvent au moyen de leur voix. Cependant les instruments de musique en usage dans le Sud-Est de l'Afrique sont en général peu bruyants [1]). Le plus agréable de son est le *marimeba*, instrument à percussion représenté sur notre planche XXIII, fig. 9; on le rencontre souvent aussi dans la région du Haut-Zambèze [2]).

Nous donnons ci-après quelques chants nègres très en vogue sur le Zambèze, tels que M. Muller les a notés d'après l'oreille. Ils sont connus de tous les noirs de la région du Zambèze et il est rare qu'on y entende d'autres mélodies. On les chante surtout en pagayant. Un des rameurs chante seul une phrase, sur quoi tous les autres continuent en chœur. D'ordinaire ils répètent la même chanson plusieurs fois de suite sans interruption, pour cesser enfin au beau milieu, sans s'inquiéter de la fin. Même la sixième des chansons que nous reproduisons n'a de fait point de fin. Le docteur van Rijckevorsel a fait la même remarque sur les chansons des noirs du Brésil [3]), et pour le reste aussi la description qu'il donne du caractère de ces gens concorde presque complètement avec ce que nous avons observé dans le bassin du Zambèze. Ici les chants improvisés sont plus rares qu'ailleurs en Afrique, par exemple dans l'Ouest de Libéria et sur la Côte d'Or. On chante d'ordinaire un texte toujours le même, avec de légères variations suivant les circonstances.

---

1) Voy. pl. XXI, fig. 9 et pl. XXII, fig. 10 à 12, 14, 15. On voit que Durand (ouvr. cité, p. 271) fait erreur en croyant que les violons du Zambèze se jouent toujours sans archet. — Comp. aussi la *sansa* de Ratzel, ouvrage cité, *Introduction*, p. 54.

2) Le *marimeba* donné par Ratzel (p. 368) comme appartenant au Zambèze diffère notablement du type représenté sur notre planche.

3) *Uit Brazilie*, p. 265, 266.

Voici la traduction des mots dont se composent les chansons:

N° 1.

Anichimanka	= vénérique
Rosa	= nom propre de femme
Ine	= hélas!
Mamma	= mère!
Tjali apa	= celui qui était ici tout-à-l'heure,
Quenda goupi	= où est-il allé?

N° 2.

Nassiyaya	= nom propre
Oko ou okou	= là-bas
Badi	= veut pas
Piou	= retourner le sol
Nineka	= pas non plus
Sina	= sans
Lina	= bouillir
Bombahia	= patates
Hotya	= rôti

N° 3.

Signora	= portugais pour Madame
Manna	= l'enfant
Nélila	= pleure ou pleurer
Si	= portugais pour Oui
Signora	= Madame,
Manna	= l'enfant
Nounfouna	= veut
Tétèté	= dormir,
Ké	= (il) pas, futur négatif.
Nélila	= pleurer
Wina	= davantage.

N° 4 [1]).

Tangoué	= nom du chef des Massinghiri lors de la guerre de 1885; le mot en lui-même signifie faucon, oiseau de proie.
Contchi	= a eu le dessus sur
Conguera	= la troupe
Hollandeza	= hollandaise (mot portugais).
Cayanga	= surnoms de deux Hollandais très connus dans ces contrées.
Anatamanga	
Franceza	= française (mot portugais)
Inyamatanga	= les Portugais [2]).

---

1) La guerre pendant laquelle cette chanson a été chantée a eu lieu sur le Zambèze inférieur. Le bonnet représenté pl. XVII, fig. 3 fut alors porté par un des *feticheiros* des Massinghiri et tomba au pouvoir de l'ennemi. Les Massinghiri sont une tribu qui ne se trouve que rarement indiquée sur les cartes. Celle publiée dans le journal *As Colonias Portuguezas*, année 1888, les place sur les bords orientaux de la rivière Chiré, jusqu'à son confluent avec le Zambèze.

2) On nous a dit que ce mot signifie matelots, ou gens arrivés sur un navire. D'autres nous ont expliqué ce mot en disant que les Portugais, en arrivant au Zambèze, mangeaient enormément de citrouille, fruit appelé *abobra* ou *matanga* par les indigènes. La préposition *Inya* (en portugais *Inha*) est extrêmement répandue dans le Mozambique, et signifie „pays de" ou „beaucoup de".

<table>
<tr><td colspan="2">N° 5.</td><td colspan="2">N° 6.</td></tr>
<tr><td>Sini</td><td>= sans (je n'ai pas de)</td><td>Chiwa</td><td>= colombe,</td></tr>
<tr><td>Mamma [1])</td><td>= mère</td><td>Koya</td><td>= garde</td></tr>
<tr><td>Okoula ouanéï</td><td>= qui prend soin de
moi.</td><td>Ni manna</td><td>= ton enfant.</td></tr>
<tr><td colspan="2">Nossétané mamma diwi Maria = toi,
Marie, sois ma mère.</td><td></td><td></td></tr>
</table>

»Je voudrais finir par quelque chose de beau, de .. rillant, de scintillant, qui eût l'air d'une pensée", dit Figaro au bout de sa romance. Pour terminer cette notice par »quelque chose qui ait l'air d'une pensée", nous dirons que si l'on compare entre eux les gens les plus cultivés des diverses races, on trouvera que la civilisation des cafres est à une plus grande distance de celle des Javanais que celle des Javanais ne l'est de celle des Européens [2] [3]).

ROTTERDAM, Novembre 1891.
Mai 1892.

---

1) Ce mot s'emploie aussi chez les Héréros avec le même sens. Voy. Ratzel, p. 156.

2) Au moment de corriger la dernière épreuve de cette étude, nous recevons une publication faisant connaître les très importantes recherches de MM. Bent et Swan dans le pays de Machona. Ils ont découvert que les ruines dont nous parlons et qui sont appelées *Zimbabwe* (*Zimbabye*, voy. notre page 5), mot cafre qui veut dire: „voici le grand *kraal*, ou la résidence du chef", proviennent des Arabes et datent du neuvième siècle, de l'époque qui a produit les célèbres contes de Sinbad le Marin. Ces messieurs ont retrouvé dans ce pays, absolument les mêmes, les coutumes décrites il y a 300 ans par le Portugais, le père dos Santos (comp. notre p. 13). Par exemple, ce qu'il dit de la manière de saluer en usage entre hommes est resté vrai et correspond avec ce qui se trouve à notre p. 17; la même chose peut se dire des habitations, en particulier de celles des chefs, dont il donne une description conforme à la nôtre, n. p. 33; la religion est restée ce que dos Santos et l'Arabe El Masoudi trouvèrent dans cette contrée et que nous décrivons à la page 24, c'est-à-dire le culte des ancêtres; et ainsi de suite. Même le nom de cette tribu est resté le même, car dos Santos les appelait Mocaranga, et ils se sont désignés à MM. Bent et Swan sous le nom du Makalanga; la mutation des lettres *l* et *r* entre elles est chose ordinaire, comme nous le disons à la page 34 et comme le prouve une comparaison entre les nombres cafres reproduits dans Courret, *A l'Est et à l'Ouest dans l'Océan Indien*, page 285, avec ceux que nous donnons à notre page 34; ils diffèrent par les *l* et les *r*. Ces Makalanga, plus connus sous le nom estropié de Makalakka, habitent ce qu'on appelle aujourd'hui le pays de Machona. Ils ont constitué autrefois l'empire du Monomotapa, comme le prouvent les écrits de dos Santos etc., ainsi que les ruines qui se trouvent dans leur pays (comp. notre page 7 et la note 2 à la p. 5, et aussi ce que nous y disons à propos de la migration). Tout ce que ces messieurs disent de ces gens correspond avec notre étude, par exemple ce qui concerne leur courtoisie (notre page 17), leur manque de courage (n. p. 8), leur agriculture et leur bétail (n. p. 8), leur bonhomie (n. p. 17 et 19), leurs forges (n. p. 15), la distribution du travail (n. p. 34 et 37), etc. (*Proceedings Roy. Geogr. Soc.* de Londres, Mai 1892).

3) Lisez à la page 39, 1ère ligne, *Matapiris* au lieu de Matapis.

J. Z. R. désigne un objet appartenant au jardin zoologique de Rotterdam.
N. A. M.   „   „   „   „   au musée de *Natura Artis Magistra* à Amsterdam.
M. E. L.   „   „   „   „   au musée national ethnographique de Leyde.
M. E. R.   „   „   „   „   au musée ethnographique de Rotterdam.

Les chiffres qui suivent les numéros des objets représentés indiquent la proportion du dessin avec la grandeur naturelle de l'objet.

ERRATA DANS LA DESCRIPTION DES PLANCHES.

Pl. VIII fig. 4 et 9 proviennent du Zambèze.

Pl. X. Le? après le mot *Zambèze* dans la description de la fig. 3, devrait se trouver après ce mot dans celle de la fig. 1.

Pl. XIII fig. 2 provient du Zambèze.

Pl. XXII. Dans la description de la figure 10, il est question des anciennes possessions danoises sur la Côte d'Or; c'est en Amérique qu'il faut lire. Il s'agit de l'objet marqué No 137*b* dans le catalogue du musée royal d'ethnographie de Copenhague.

HENDRIK P. N. MULLER ET JOH. F. SNELLEMAN

Industrie des Cafres du Sud-Est de l'Afrique.

CHANSONS DU ZAMBÈSE.

Nº 1.

ROSA INE.

NASSIYAYA.

Allegro

MANNA NÉLILA.

Moderato.

N° 4

CHANT DE GUERRE - MASSINGHIRI.

Moderato

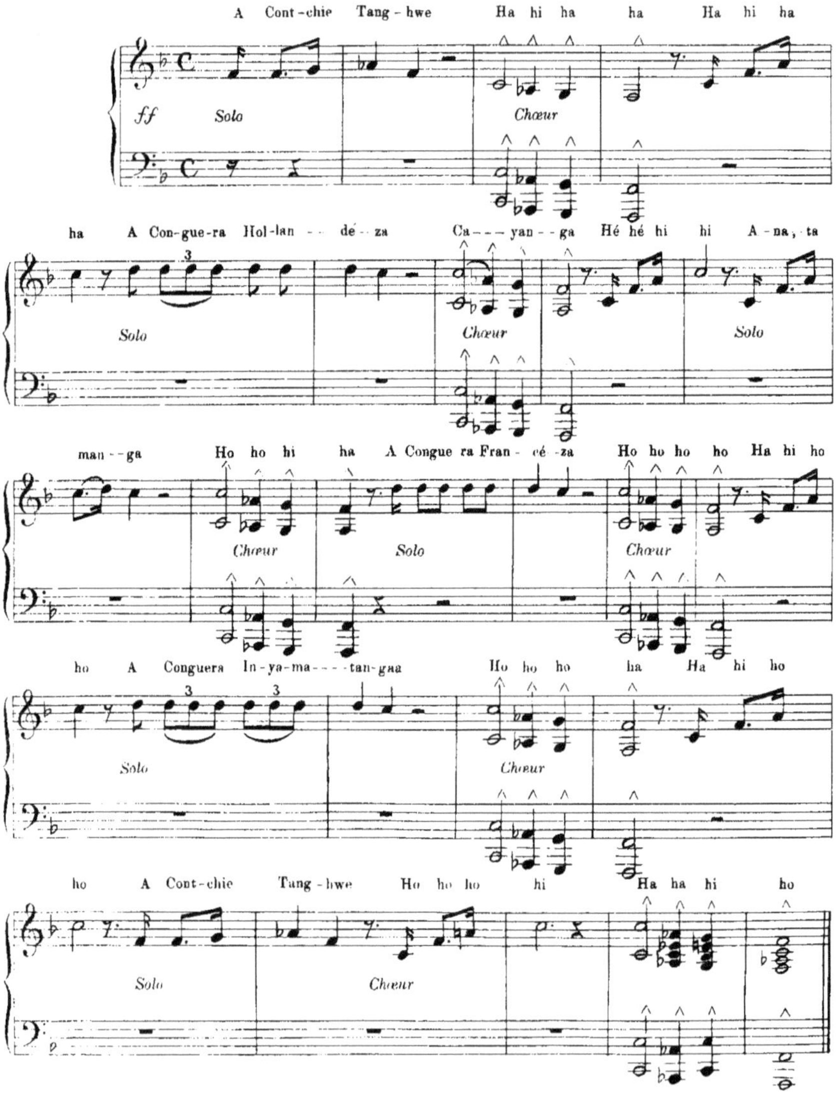

Nᵒ 5
SINI MAMMA.

CHIWA EH!

Allegro
Chi - wa Eh La da   Chi - wa Eh   Chi - - wa   Chi - - wa   Eh
Solo
Chœur

Ko - - ya Ni Man - - na   Ko - - - ya Ni Man - - na La da
Solo

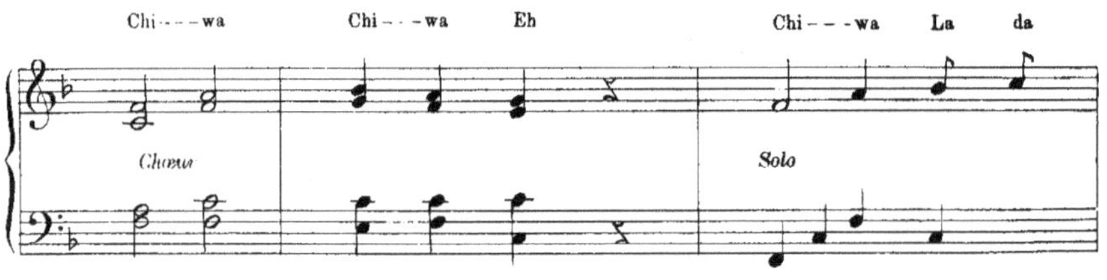

Chi - - - wa   Chi - - wa Eh   Chi - - - wa La da
Chœur
Solo

Chi - - wa Eh   Chi - - wa Eh La da
Etcetera ad eternitam.

PLANCHE I.

Figure 1; ¹/₅.

Hache en fer, à manche rond en bois brun formant un coude à l'extrémité supérieure, et allant en grossissant vers l'autre extrémité pour l'empêcher d'échapper à la main quand on s'en sert. Le fer est plat et quelque peu allongé, les côtés en sont évidés et le tranchant a une forme sémi-circulaire. Il est assujetti dans la partie supérieure du manche, qui ressemble à une crosse, et n'y est maintenu que par la pression.

    Longueur du fer. . . . . 15 c.M.
    Largeur maximum du fer . . . . . 9,5 »
    Epaisseur du fer au manche. . . . 0,3 »
    Longueur du manche jusqu'au fer . . 39 »
    Longueur de la partie formant coude . 11 »
    Epaisseur de la partie formant coude. . 3 »
Zambèze.

Figure 2; ¹/₅ *J. Z. R.*

Hache en fer, à manche rond en bois blanc grossier, coudé en forme de crosse à l'extrémité supérieure, et s'épaississant en bourrelet vers l'autre extrémité. Le fer est plat et quelque peu allongé, les côtés en sont évidés et le tranchant a une forme sémi-circulaire. Il traverse la crosse du manche et y est rivé par derrière. Le col du fer est en métal blanc, orné sur les côtés de quelques traces faites à la lime et de deux couples de lignes transversales, terminées par un arc de cercle qui marque la limite entre le métal blanc et la partie large du fer, qui est noire. La partie du manche qui fait crosse, et qui tranche nettement sur le reste, a été noircie au feu.

    Longueur du fer. . . . . 18,5 c.M.
    Largeur maximum du fer . . . . . 9,5 »
    Epaisseur au manche . . . . 0,5 »
    Longueur du manche . . . . 32 »
    Longueur de la partie formant coude . 12 »
    Epaisseur de la partie formant coude . 4,5 »
Zambèze.

Figure 3; ¹/₅.

Hache en fer semblable à celle de la figure 1, sauf que le col en est droit, ce qui donne à la partie tranchante presque la forme d'un secteur de cercle. Le manche et la manière dont le fer y est assujetti sont du type de la figure 2: la tige du fer, qui traverse le manche, a été rivée en la recourbant vers le haut de celui-ci. Le manche est quelque peu épaissi par le bas, puis se termine en pointe conique. A l'endroit où le col du fer s'élargit fortement, il est entouré d'un bourrelet de fer forgé. Le manche est entouré de deux larges anneaux de fil de laiton (type B)*), l'un près de l'épaississement en forme de crosse, l'autre près de l'extrémité inférieure. Il y a au-dessus de l'anneau supérieur et au dessous de l'inférieur un anneau de fil de laiton plus étroit (type A).

    Longueur du fer. . . . . 20,5 c.M.
    Largeur maximum du fer . . . . . 10 »
    Longueur du col . . . . 10,5 »
    Largeur du col . . . . 2,5 »
    Longueur du manche . . . . 33,5 »
    Longueur de la partie recourbée . . . 12 »
    Epaisseur de la partie recourbée . . . 5 »
Zambèze.

*) Pour les types de tressage voir la planche XXVII, fig. 3, A, B, C et D.

Figure 4; ¹/₅. *J. Z. R.*

Hache en fer de forme rhomboïde, ornée à la naissance du col, le long des côtés non tranchants et le long de l'axe du fer, de lignes de points frappés. La tige du fer est rivée derrière la partie du manche épaissie en forme de crosse. De chaque côté de cette crosse on voit deux creux peu profonds, là où on avait enfoncé de petits clous de cuivre. Le manche est en bois brun. Il est considérablement plus large par en bas que vers le fer.

    Longueur du fer. . . . . 15 c.M.
    Largeur maximum du fer . . . . . 9 »
    Epaisseur maximum du fer . . . . . 1 »
    Longueur du manche . . . . 28 »
    Largeur là où est le fer . . . . . . 7 »
Zambèze.

Figure 5; ¹/₅. *J. Z. R.*

Hache en fer du type de la figure 1. Le fer est assujetti dans le coude du manche formant crosse. Le manche, qui est en bois, et un peu plus large en bas que vers le coude, est entièrement recouvert de fil de laiton entrelacé du type A, que coupent à distances égales cinq anneaux de fil de laiton du type B.

    Longueur du fer. . . . . 19,5 c.M.
    Largeur maximum du fer . . . . . 10,5 »
    Epaisseur du fer au manche. . . . . 0,6 »
    Longueur du manche jusqu'au fer . . 48,5 »
    Longueur de la partie recourbée du manche 16 »
    Epaisseur de la partie recourbée du manche 5,5 »
Senna, Zambèze.

Figure 6; ¹/₅.

Hache en fer du type de la figure 3, formée de deux parties, un col et une partie beaucoup plus large, séparées par un bourrelet de fer forgé. Le manche en bois a un coude en forme de crosse, plus épaisse que le reste, où le fer est assujetti. Il s'élargit par le bas, et est recouvert de fil de laiton entrelacé du type A, que coupent à intervalles irréguliers des anneaux du même fil, mais du type B. Entre les deux derniers anneaux le fil entrelacé est du type D.

    Longueur du fer. . . . . 17,5 c.M.
    Largeur maximum du fer . . . . . 9,5 »
    Epaisseur du fer. . . . . 0,4 »
    Epaisseur du fer au bourrelet . . . . 0,7 »
    Longueur du manche jusqu'au coude. . 34,5 »
    Longueur de la partie recourbée . . . 10 »
Zambèze.

Figure 7; ¹/₅.

Hache en fer, du type de la figure 1. Le seul ornement est un petit arc de cercle tracé au milieu de la longueur. Le fer est planté dans la partie supérieure d'un manche en bois dur, laquelle représente une tête humaine; il y a onze incisions sur le nez; les yeux sont faits de deux plaques de cuivre rondes, chacune attachée au bois au moyen d'un petit clou; à chaque oreille on a percé au feu deux trous allant de part en part là où doivent être les oreillons, et on a fait en outre un creu au moyen du feu. L'ouverture destinée à recevoir la tige du fer et représentant la bouche a aussi été faite au moyen du feu. Le manche est légèrement élargi par en bas. A l'exception de la partie qui représente la figure d'un homme, et d'un cercle à la surface de la partie inférieure arrondie, il est enveloppé de fil de laiton entrelacé du type A, interrompu à la moitié du manche par un anneau de fil de laiton du type B. Là où est la tête, ce tissu est assujetti au moyen de petits clous.

Longueur du fer. . . . . 18 cM.
Longueur maximum du fer. . . . 9,7 »
Épaisseur du fer . . . . 0,7 »
Longueur du manche, sans la tête . 33,5 »
Largeur de la tête dans l'axe du fer 9 »
Coupe de la tête au-dessus des oreilles 5,6 »

Zambèze.

Figure 8: 1/3.

Hache en fer, formée de deux parties distinctes, celle du tranchant, beaucoup plus large que l'autre et sans ornements, et le col, dont la séparation est marquée, au tiers de la longueur à partir du tranchant, par un renflement du métal orné de cannelures parallèles. Les côtés du col sont ornées de lignes granulées peu profondes, et la partie plate, de petits cercles de points peu profonds: sur l'une des faces ces cercles sont séparés les uns des autres par des cannelures: de ce même côté les arrêtes du métal ont été évidées. Le manche est en bois, et forme par le bas un bourrelet pour se terminer sphériquement: A l'extrémité destinée à recevoir le fer, il forme un coude où il s'épaissit en crosse, et est entouré d'un anneau de cuivre à la naissance du coude: l'autre extrémité de la crosse est couverte d'un capuchon de cuivre et quatre bandes de cuivre courent à intervalles égaux entre ce capuchon et l'anneau. Tout ce cuivre est fixé au moyen de petits clous du même métal.

Longueur du fer. . . . . 22,5 cM.
Longueur maximum du fer . . . . 10,5 »
Largeur du col . . . . 2 »
Longueur du manche . . . . . . 47,5 »

Zambèze.

Figure 9: 1/3. J. Z. R.

Hache obtuse en forme de coin, à tranchant légèrement recourbé, arrondi des deux côtés: le fer traverse le manche, qui affecte la forme d'une massue: on l'a égalisé à la lime avec la surface de celui-ci. Le manche, grossièrement taillé, est conique, allant en s'amincissant vers le bas: la partie supérieure en est noircie au feu.

Longueur du fer. . . . . 16 cM.
Largeur maximum du fer. . . . . 7 »
Épaisseur » » » . . . . . 1,3 »
Longueur du manche . . . . . . 64 »
Diamètre au bas bout. . . . . . 3 »
» au haut bout. . . . . . { 10 «
{ 7 »
Tranchant obtus. . . . . 0,2 »

Zambèze. Comp. Ratzel »Die Naturvölker Afrika's", page 543, hache des Monbouttous.

Figure 10; 1/3. J. Z. R.

Hache plate en fer, en forme de segment de cercle, qui se transforme du côté de la corde en une barre large, ornée le long des bords des deux côtés, mais pas le long du tranchant, à chaque fois de trois cannelures parallèles. Le col se renfle vers le manche et est orné de deux figures en creu en forme de fuseaux, dont la plus grande est à moitié visible. Le fer se termine par une tige cunéiforme, qui traverse le manche et est rivée derrière, la pointe recourbée

vers le bas. Le partie inférieure du manche est cylindrique et entourée d'une bande de métal qui en fait six fois le tour en spirale; immédiatement au-dessus de la dernière spirale, se trouve un trou rond destiné à recevoir une courroie ou une corde. Le reste du manche s'élargit et s'aplatit tout à fait comme le fer de la figure 1. Là où le cylindre s'aplatit, sont creusées sept lignes contournantes, d'où partent une demi-douzaine de lignes parallèles, creusées aussi, qui suivent le bord extérieur du manche, pour se terminer en crochet au milieu de la partie supérieure. Dans l'un des angles ainsi formés se trouve une ouverture circulaire.

Longueur du fer. . . . . 15 cM.
Largeur maximum du fer. . . . . 16 »
Longueur du manche . . . . . . 35 »
Diamètre en bas. . . . . 3 »
Épaisseur à la hauteur du fer . . . 1,5 »
» au sommet . . . . . . 0,5 »
» maximum du manche. . . 13 »

Il est douteux que cette hache vienne de la côte orientale et probable qu'elle vient du voisinage de Huilla (côte occidentale). Reproduite à titre de comparaison.

Figure 11; 1/5. J. Z. R.

Hache en fer, formant un triangle isocèle, dont la base est le tranchant, quelque peu arrondi. L'extrémité supérieure est recourbée en haut en forme de crochet et est percée tout près de la courbure. Le fer traverse la partie supérieure du manche, formant crosse, plus épaisse que le reste, et la dépasse des deux côtés, de telle sorte que les 2/3 du fer émergent dans un sens, et 1/3 dans l'autre. Le manche est en bois brun poli. En trois endroits, à distances inégales, il est entouré de fils métalliques serrés de façon à former des anneaux. Les deux anneaux extrêmes sont en fil de laiton, fixé au moyen de petits clous en cuivre, dont la tête serre le dernier tour du fil. L'anneau intermédiaire est en fil de cuivre rouge et n'a point de clous. L'extrémité du manche qui fait crosse est ornée de clous de laiton irrégulièrement plantés; enfin, il y a un de ces clous planté à l'autre bout.

Longueur du fer. . . . . 34,5 c.M.
Largeur maximum du fer . . . . . 5,5 »
Longueur du manche . . . . . . 54 »
Diamètre en bas. . . . . 2 »
Diamètre à la crosse . . . . . 4 »

Type du Zambèze avec ornements en fil de laiton des Zoulous.

Figure 12; 1/5. N. A. M.

Hache en fer à manche de bois. Le fer, passablement triangulaire, a pour base le tranchant, qui a été un peu arrondi. La tige en traverse le manche et ressort de l'autre côté, où elle est recourbée en crochet vers le haut; la pointe est obtuse. La partie antérieure du fer a des bords ciselés et est ornée au milieu d'une rangée de petites lignes qui se croisent en hachures, et de petits triangles en quinconces, passant au carré. Le manche est rond, avec un épaississement cylindrique pour recevoir le fer, et se termine par le haut en pointe.

Longueur du fer . . . . 34 c.M.
Largeur moyenne du fer. . . . . . 3,5 »
Longueur du manche . . . . 55,5 »
Épaisseur du manche . . . . 3 »

Inhambane.

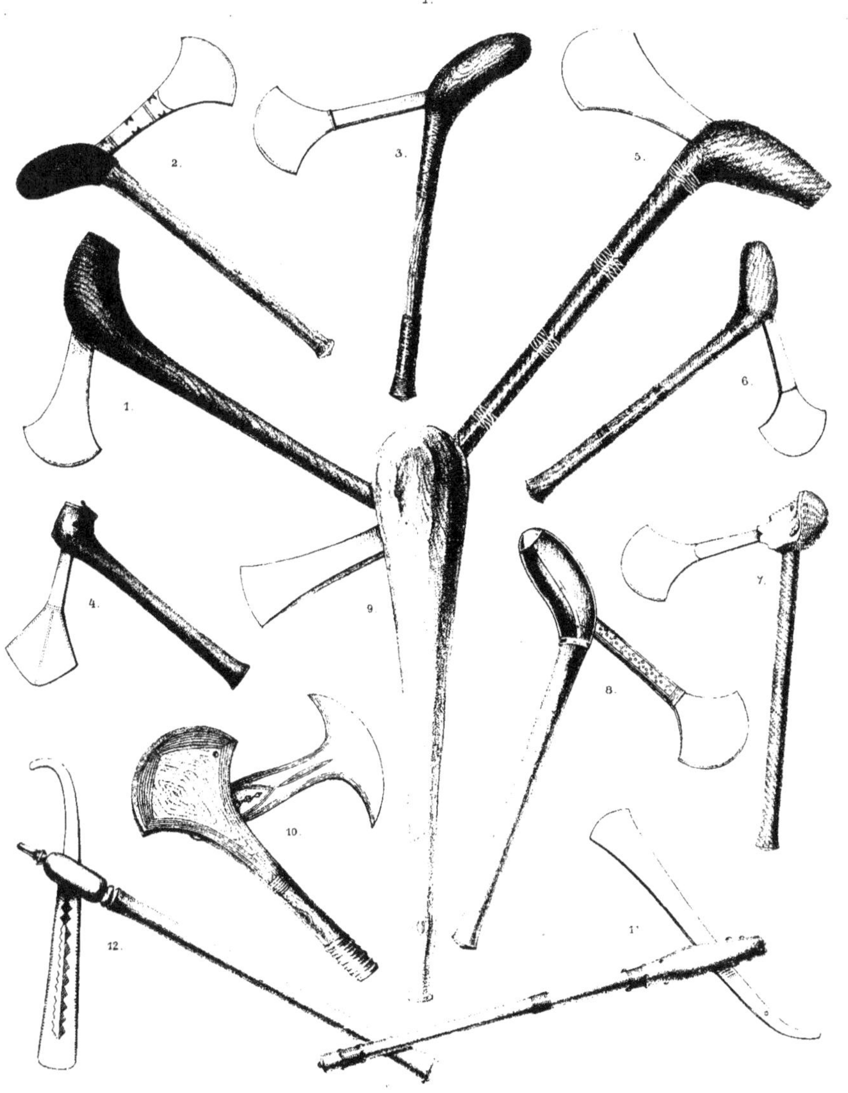

1.
1.
2.
3.
5.
4.
6.
7.
8.
9.
10.
11.
12.

PLANCHE II.

Figure 1; ¹/₅. *J. Z. R.*

Hache en fer à manche en bois. Le fer a une forme quelque peu triangulaire, le tranchant, fort arrondi, formant le base du triangle. Le sommet du triangle s'allonge pour traverser le manche, derrière lequel la pointe en est recourbée en crochet vers le haut, aiguisée comme un fer de flèche. Le manche est rond et présente vers le haut un renflement en forme de fuseau, qui en est séparé par un double bourrelet étoilé, et qui se termine par une sorte de pommeau formé de deux pyramides accolées l'une à l'autre par la base. La partie inférieure du manche va en s'élargissant fortement en forme de cône.

Longueur du fer	39	cM.
Largeur maximum du fer	5,5	»
Epaisseur » » »	0,7	»
Longueur du manche	56	»
Diamètre au milieu	2,5	»

Zambèze.

Figure 2; ¹/₅.

Hache en fer à manche en bois. Le fer forme un triangle allongé, qui a pour base le tranchant, fort arrondi. Le sommet du triangle traverse le manche et est recourbé derrière celui-ci avec des ondulations serpentines, pour se terminer en lozange. Le manche rond, en bois très dur, a vers le haut une partie plus épaisse que le reste, qui en est séparée par deux lignes taillées en zigzag, qui en font le tour l'une au-dessus de l'autre. La partie épaisse se termine par un pommeau, présentant la forme d'un cône tronqué, la base en l'air. L'extrémité inférieure va en s'épaississant fortement.

Longueur du fer	56	cM.
Largeur maximum du fer	5	»
Longueur du manche	53,5	»

Zambèze.

Figure 3; ¹/₅.

Hache en fer, formant un triangle fort allongé, qui a pour base le tranchant, très arrondi. Après avoir traversé le manche, le sommet du triangle se retourbe vers le haut en décrivant un quart de cercle et se termine par une pointe en lozange, repliée à angle droit. La partie épaisse du manche, dans laquelle le fer est inséré, est nettement séparée du reste par un brusque amincissement du bois. Le manche se termine en haut par un cône tronqué dont la base est en l'air; la partie inférieure s'élargit fortement. Il est entièrement recouvert de fil de laiton entrelacé du type A, sauf un anneau de fil du type B à la moitié de la longueur, et un anneau du type D à la hauteur du fer. Le bas du manche se termine par une surface plane, circulaire, ornée de deux anneaux concentriques, faits du même fil et reliés par quatre petits barreaux placés comme les rayons d'une roue.

Longueur du fer	64,5	cM.
Largeur maximum du fer	7	»
Longueur du manche	55,5	»
Epaisseur » » au milieu	2,5	»
» » » au bout intér.	4	»

Zambèze.

Figure 4; ¹/₅.

Hache en fer, formant un triangle fort allongé, qui a pour base le tranchant, très arrondi. Après avoir traversé le manche, le sommet du triangle se recourbe vers le haut en ondulant et se termine par une pointe en forme de lozange. La partie épaisse du manche que traverse le fer est nettement séparée du reste par un bourrelet qui en fait le tour; elle se termine par un cône tronqué, la base en l'air. L'extrémité inférieure s'élargit fortement pour ensuite se terminer en biseau. Sauf un anneau de fil de laiton entrelacé selon le type D, et qui se trouve à mi-hauteur du manche, celui-ci est entièrement couvert de fil entrelacé selon le type A.

Longueur du fer		50,5	cM.
Largeur maximum du fer		6,5	»
Longueur du manche		45	»
Epaisseur » »	au milieu	2,7	»
» » »	au bout infér.	4	»

Zambèze.

Figure 5; ¹/₅.

Hache en fer à manche de bois entièrement enveloppé d'un nattage métallique, et de forme analogue à celle de la figure 4, dont elle diffère en ce que l'extrémité inférieure du manche se termine brusquement après l'élargissement, et que la tige du fer, tout en ressortant aussi par derrière avec des ondulations, est recourbée vers le bas et qu'elle se termine en lame de couteau, tranchante par dessous, émoussée par dessus.

Longueur du fer	46,5	cM.
Largeur maximum du fer	6	»
Longueur du manche	44	»
Diamètre » » au milieu	2,4	»

Zambèze.

Figure 6; ¹/₅.

Hache de fer à manche de bois entièrement recouvert d'un nattage métallique, semblable à celle de la figure 5, avec cette différence que la tige ondoyante du fer suit à peu près la direction de l'axe prolongé de la partie droite.

Longueur du fer	44,5	cM.
Largeur maximum du fer	5,8	»
Epaisseur du fer	0,5	»
Longueur du manche	50,3	»
Diamètre » » au milieu	2,6	»
Longueur de la partie épaisse	4,7	»

Zambèze.

Figure 7; ¹/₅.

Hache de la forme d'un segment de cercle, du côté de la corde duquel on a forgé une barre plate que le manche en bois embrasse étroitement. Le col du fer est orné sur ses deux faces de figures triangulaires et quadrangulaires, formées de lignes entrecroisées, creusées dans le métal; les figures triangulaires sont noircies, le métal des autres a été laissé blanc. Là où cesse le col et commence le segment, le métal, plus épais, fait saillie. Le manche est en bois dur; sa partie supérieure, dans laquelle le fer est fixé au moyen d'un coin de bois, est épaisse comme qui dirait le gros bout d'une massue; au dessous le bois devient subitement plus mince, ce qui distingue nettement le manche proprement dit de la tête. L'extrémité inférieure du manche est plus grosse que le reste et se termine coniquement.

Longueur du fer . . . . . . 17,5 cM.
Largeur maximum du fer . . . 24 »
Longueur du col. . . . . . . 12 »
Largeur » » . . . . 3,3 »
Épaisseur » » . . . . 0,6 »
Longueur du manche . . . . . 57,5 »
Diamètre » » au milieu . 2,5 »
» de la tête . . . . . 5,3 »

Zambèze.

Figure 8 : 1/5.

Hache à manche de bois, de même forme que celle de la figure 7. Les figures triangulaires et quadrangulaires qui ornent le col du fer sont séparées les unes des autres par des lignes gravées dans le métal; il y a au col une saillie de plus qu'à la hache de la figure 7 : c'est là où il s'enfonce dans le bois; la tige est rivée par derrière en forme de tête de clou. Le manche en bois est orné de deux anneaux de fil de laiton entrelacé d'après le type B, l'un placé dans la partie mince qui précède immédiatement la tête de massue où le fer est inséré, l'autre à l'extrémité inférieure.

Longueur du fer . . . . 15,2 cM.
Largeur maximum du fer . . . . . 14,3 »
Longueur du manche. . . . . . . 69,2 »
Diamètre » » . . . . 2 »
» de la tête . . . . . 4,2 »
Largeur des anneaux en fil de laiton . { 10,4 »
                                        { 10,9 »

Zambèze.

Figure 9 ; 1/5. M. E. I.

Hache en fer à manche noir en bois, de même forme que celle de la figure 8. Le fer n'a pas été inséré perpendiculairement dans le manche, mais incliné un peu en bas. Les anneaux sont en rotin refendu et très étroits.

Longueur du fer . . . . 12,5 cM.
Largeur maximum du fer . 14,5 »
Longueur du manche . . 52,5 »

Zambèze.

Figure 10 ; 1/5.

Hache en fer à manche de bois, de même forme que celle de la figure 8. Le fer a été simplement remoulé, ce qui l'a rendu brillant. La tête du manche est irrégulièrement ornée de petits clous en cuivre; les anneaux du fil de laiton sont larges, et chacun formé d'un anneau central du type A, de chaque côté duquel se trouve un anneau du type B.

Longueur du fer. . . . . . 15 cM.
Largeur maximum du fer . . . 10 »
Longueur du col . . . . . . 10 »
Largeur » » . . . . . . 2,5 »
Longueur du manche . . . . . 55,5 »
Diamètre » » au milieu . 2,5 »

Zambèze. Rare à cause de l'ornementation au moyen de clous en cuivre; ceux-ci s'importent en grande quantité sur la côte occidentale, mais sont rares sur la côte orientale.

Figure 11 ; 1/5.

Hache en fer à manche en bois, de même forme que celle de la figure 8. Le fer est comme celui de la hache de la figure 10. A l'exception d'une longueur d'un demi centimètre et de la base, qui est taillée sphériquement, le manche tout entier est recouvert de fil de laiton entrelacé d'après le type A, sauf quatre anneaux du type B, qui interrompent le nattage principal à des intervalles inégaux. L'anneau supérieur précède immédiatement la tête du manche.

Longueur du fer. . . . . . . 16 cM.
Largeur maximum du fer . . . 18,5 »
Longueur du col. . . . . . . 10 »
Largeur » » . . . . . . 2,3 »
Longueur du manche . . . . . 60,5 »
Diamètre » » au milieu . 2,5 »
» de la tête . . . . . 4,5 »

Zambèze.

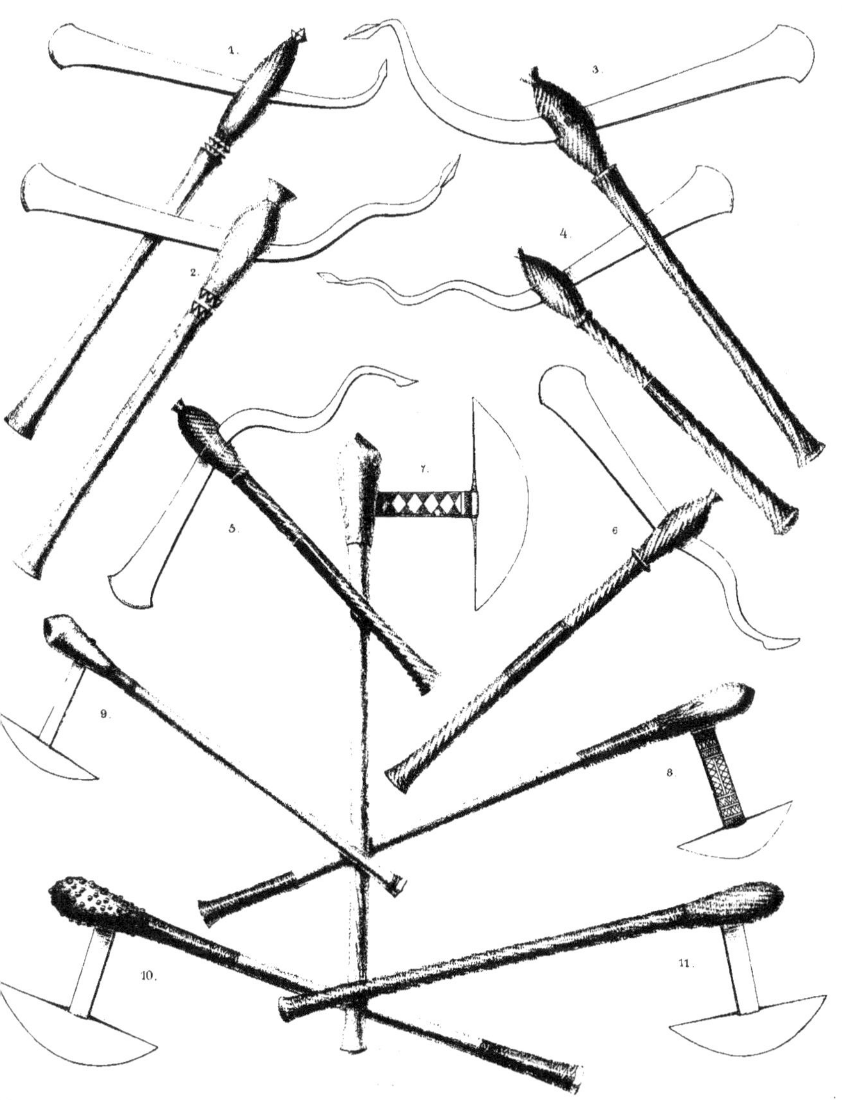

HENDRIK P. N. MULLER ET JOH. F. SNELLEMAN, L'industrie des Caffres dans le Sud-Est de l'Afrique.

PLANCHE III.

Figure 1 ; ¹/₃.

Hache, de même forme que celle représentée Pl. II, fig. 7, sauf que la corde du segment est légèrement concave. Le col du fer est carré; les côtés ont été cannelés à la lime: la face antérieure et la postérieure sont ornées d'une ligne en zigzag qui se divise sur le tranchant en trois lignes de la forme d'un arrête de poisson: l'une d'entre elles forme le prolongement de la ligne en zigzag, et les deux autres suivent l'axe du segment de cercle, le long duquel le métal a un renflement qui fait nervure. Le manche a un coude peu marqué; la partie supérieure est épaisse; depuis cette tête jusqu'à la moitié de la longueur en reculant, il est recouvert d'un nattage de fil de laiton du type A, alternant avec trois anneaux du type B. En outre, entre les deux derniers anneaux courent, dans la direction du manche, et à intervalles réguliers, quatre bandes du type D. La base du manche est conique.

Longueur du fer	18	cM.
Largeur maximum du fer	24,5	»
Longueur du manche	69	»
» de la partie non couverte . .	29	»
Diamètre en bas	2	»
» de la tête	4	»

Zambèze.

Figure 2 ; ¹/₃.

Hache en fer, de même forme que celle représentée Pl. II, fig. 10, assujettie à un manche en bois rappelant pour l'essentiel celui de la hache représentée Pl. I, fig. 7. Le nez a huit incisions: dans l'un des trous pratiqués à la place des oreillons, il y a un pendant d'oreilles en fil de laiton. Les narines sont creusées au feu.

Longueur du fer	14,5	cM.
Largeur maximum du fer	15	»
Longueur du manche	40	»
Largeur de la tête suivant l'axe du fer	8,5	»
Coupe de la tête au-dessus des oreilles .	6,5	»

Zambèze.

Figure 3 ; ¹/₆.

Hache en fer à manche de bois jaune poli. Le fer a la forme d'un double triangle isocèle, les bases confondues. Le triangle supérieur est deux fois et demie aussi grand que l'inférieur. Là où se trouve la base commune des deux triangles, une tige, triangulaire aussi, se détache du fer et va s'enfoncer dans le bois du manche, qu'elle traverse, et auquel on l'a rivée par derrière en en recourbant la pointe de bas en haut. Une nervure longitudinale divise le fer, sur chacune des deux faces, en deux moitiés, chacune subdivisée en deux parties par la base commune des triangles. De ces deux parties, l'une a été laissée noire, l'autre a été rendue brillante par le remoulage: les compartiments noirs et blancs ne sont pas juxta-posés d'un côté de la base à l'autre, mais alternant. Le haut du manche forme comme une tête de massue irrégulière, noircie au feu de même que les quatre centimètres cylindriques en dessous. La partie inférieure du manche est conique et ornée de quatre cannelures circulaires faites au feu. Cette hache présente un type intermédiaire entre les armes des habitants des bords du Zambèze et celles des Zoulous: la mode de ces derniers, de noircir le bois par places et de le laisser blanc par places, s'y fait quelque peu reconnaître, et de plus le fer est moins bien travaillé que cela n'est d'ordinaire le cas sur le Zambèze.

Longueur du fer, suivant l'axe de la tige	6	cM.
Largeur du sommet d'un triangle au sommet de l'autre	41,5	»

Longueur du manche. . . . . . . 54,5 cM.
Diamètre » » au milieu . . . 1,5 »

Gaza: arme très rare.

Figure 4 ; ¹/₆.

Hache rappelant pour l'essentiel celle de la figure 3. Le fer est partagé dans le sens de la longueur en deux parties par une nervure. La partie épaisse du manche affecte la forme d'une selle et est noircie au feu: la partie inférieure va en s'épaississant en forme de cône.

Longueur du fer suivant l'axe de la tige	4	cM.
Largeur du sommet d'un triangle au sommet de l'autre	29,5	»
Longueur du manche	51	»
Diamètre du manche au milieu . . .	1,5	»

Gaza: arme très rare.

Figure 5 ; ¹/₃. J. Z. R.

Hache en fer affectant la forme d'une parallélograme rectangulaire, dont le grand côté est parallèle au manche: du milieu du côté tourné vers le manche se détache à angle droit une tige triangulaire allongée. Le manche, en bois brun, grossièrement taillé, a une tête semblable à celle d'une massue, terminée par un cône, la base en l'air. Le transition du manche à la tête est ornée d'une double ligne en zigzag, taillée dans le bois et en faisant le tour.

Longueur du fer, suivant l'axe de la tige	8	cM.
Largeur du fer suivant le long côté du rectangle	8,5	»
Longueur du manche	120	»
Diamètre » »	2,5	»
» de la tête	6,5	»

Zambèze. Hache employée dans la chasse à l'éléphant: on s'en sert pour trancher le tendon d'Achilles de l'animal.

Figure 6 ; ¹/₅. N. A. M.

Massue (*Kerrie* ou *Kiri*) en bois, à poignée cylindrique munie à l'extrémité de deux bourrelets superposés et noircis au feu. La tête est ronde avec douze côtes taillées en étoile, noircie au feu. Sous la tête se trouvent trois bourrelets semblables aux deux déjà mentionnés. La tête se termine par une pointe formée par deux cônes unis par la base, dont l'inférieur a été noirci au feu, et le supérieur a conservé sa couleur naturelle.

Longueur de la massue	66,5	cM.
» du manche.	36	»
Diamètre de la tête	9,5	»

Inhambane.

Figure 7 ; ¹/₅. J. Z. R.

Massue en bois, faite d'une seule pièce. La tête présente la forme d'une sphère aplatie en trois endroits. Le manche, qui est cylindrique, commence à la plus petite des surfaces planes.

Longueur de la massue	56	cM.
» du manche.	50	»
Diamètre » » . . . . de 1,7 à	2	»
» de la tête	8	»
» du plan supérieur	6	»
» » » inférieur	5,5	»

Zoulous près de Senna. Cette arme ne se trouve pas chez les autres noirs du Zambèze.

Figure 8; 1/7.

Assagaie à hampe en bois, entièrement recouverte de fil de laiton entrelacé du type A, sauf une interruption au milieu, et une au haut de la hampe, où le nattage est du type B. La hampe va en grossissant beaucoup vers le bas. Le fer, qui est triangulaire, a une tige carrée. L'extrémité inférieure de la hampe est munie d'une pointe en forme de lancette à tige carrée.

 Longueur du fer . . . . 37,8 cM.
 Largeur maximum du fer . . . . . . 5 »
 Longueur de la hampe . . . . 69,5 »
  » de la pointe inférieure . . 6 »

Zambèze.

Figure 9; 1/7.

Assagaie à hampe de bois, couverte, sauf le bout intérieur, d'un nattage de fil de laiton du type A, interrompu à intervalles égaux par cinq anneaux du type B. La pointe, en forme de feuille, corrugée, à une tige carrée, entièrement enveloppée de 9 anneaux juxtaposés en fil de laiton entrelacé, type B, dont le dernier touche le cinquième des anneaux de la hampe: il n'y est toutefois pas attaché, car la tige s'enfonce de 5 cM. dans une ouverture bien ajustée de la hampe et peut en être retirée à volonté. Le bout intérieur de la hampe est muni d'une petite pointe corrugée en fer, portée sur une longue tige.

 Longueur du fer . . . . 29,5 cM.
 Largeur maximum du fer . . . . . . 3,5 »
 Longueur de la hampe . . . . 84,5 »
  » de la pointe infér. . . . . 4 »

Zambèze.

Figure 10; 1/7.

Assagaie à hampe de bois entièrement enveloppée, sauf un cercle autour du centre de la base inférieure, d'un nattage de fil de laiton du type A, interrompu à intervalles égaux par quatre anneaux du type B. Le fer a la forme d'un triangle allongé et a une tige ronde, autour de laquelle on a pratiqué une marque à la lime à l'endroit où commence la pointe triangulaire. Une pointe en fer, large, émoussée, se trouve à l'extrémité inférieure de la hampe.

 Longueur du fer . . . . 42 cM.
 Largeur maximum du fer . . . . . . 5 »
 Longueur de la hampe . . . . 77 »
  » de la pointe infér. . . . . 7 »

Zambèze.

Figure 11; 1/7.

Assagaie à hampe de bois entièrement enveloppée d'un nattage de fil de laiton du type A, interrompu, au milieu et au bas de la hampe, par deux anneaux du type B. Le fer, triangle allongé, a une tige ronde. L'extrémité inférieure a une pointe corrugée en fer à tige carrée.

 Longueur du fer . . . . 33,5 cM.
 Largeur maximum du fer . . . . . . 3,5 »
 Longueur de la hampe . . . . 45,5 »
  » de la pointe infér. . . . . 5 »

Zambèze. Arme ou jouet d'enfants.

Figure 12; 1/7.

Assagaie à hampe de bois, épaisse par le bas, entièrement recouverte de fil de laiton entrelacé, type A, à l'exception de la base inférieure. Le fer forme un triangle très allongé et a une tige ronde: l'endroit où la tige se change en triangle est marqué par deux entailles peu profondes. L'extrémité inférieure est munie d'une pointe en fer, obtuse, à longue tige carrée.

 Longueur du fer . . . . 30 cM.
 Largeur maximum du fer . . . . . . 3 »
 Longueur de la hampe . . . . 70,5 »
  » de la point infér. . . . . 5 »

Zambèze.

Figure 13; 1/7.

Assagaie à hampe de bois, beaucoup plus épaisse par le bas que plus haut, et, sauf un cercle à la base, entièrement recouverte de nattage en fil de laiton, type A, alternant par intervalles irréguliers avec sept anneaux du type B. Entre les deux premiers anneaux intérieurs et entre le second et le troisième en comptant d'en haut, le nattage suit le type D. Des ganses en fil de laiton portent, au premier anneau d'en bas et au second d'en haut, les deux extrémités d'une chaînette, flottant assez lâche, faite d'anneaux en laiton, avec deux boules polygones de laiton à 15 cM. l'une de l'autre. Le fer est en triangle très allongé avec une tige ronde, la démarcation entre ces deux parties indiquée par deux profondes entailles, une d'un côté, l'autre de l'autre de la tige. La base de la hampe est munie d'une pointe en fer à longue tige carrée.

 Longueur du fer . . . . 28 cM.
 Largeur maximum du fer . . . . . . 3,5 »
 Longueur de la hampe . . . . 86 »
  » » » pointe infér. . . . . 5,5 »

Zambèze.

Figure 14; 1/7.

Assagaie conforme pour l'essentiel à celle de la figure 11. La hampe a, à des intervalles à peu près égaux, cinq anneaux de fil de laiton entrelacé selon le type B. La tige du fer est ornée, près de la hampe, d'un petit anneau semblable. Ni le fer, ni la pointe inférieure ne sont corrugés.

 Longueur du fer . . . . 31,5 cM.
 Largeur maximum du fer . . . . . . 3 »
 Longueur de la hampe . . . . 61,5 »
  » » » pointe infér. . . . . 3,5 »

Zambèze.

Figure 15; 1/7.

Assagaie conforme pour l'essentiel à celle de la figure 11. Par en bas la hampe est un peu plus épaisse que plus haut; elle a quatre anneaux, à intervalles égaux, de nattage du type B. La démarcation entre la pointe du fer et sa tige est indiquée par deux entailles de chaque côté de la tige. Ni le fer, ni la pointe d'en bas ne sont corrugés; cette dernière a une longue tige.

 Longueur du fer . . . . 31,5 cM.
 Largeur maximum du fer . . . . . . 3,4 »
 Longueur de la hampe . . . . 84 »
  » » » pointe infér. . . . . 7 »

Zambèze.

Figure 16; 1/7.

Assagaie conforme pour l'essentiel à celle de la figure 11. La hampe, découverte à la base, a trois anneaux, inégalement distants, de fil de laiton entrelacé d'après le type B. Le fer est très long et effilé, à tige carrée: la démarcation indiquée par trois entailles. Ni le fer, ni la pointe inférieure ne sont corrugés; cette dernière est obtuse.

 Longueur du fer . . . . 42 cM.
 Largeur maximum du fer . . . . . . 4 »
 Longueur de la hampe . . . . 66,5 »
  » » » pointe infér. . . . . 4,2 »

Zambèze.

Figure 17; 1/7.

Assagaie conforme pour l'essentiel à celle de la figure 13, cependant sans chaînette. Le hampe est divisée en six compartiments par cinq anneaux de fil de laiton du type B; le nattage recouvre aussi la base. Deux entailles indiquent la démarcation entre la pointe du fer et sa tige. La pointe de l'extrémité inférieure de l'arme est obtuse et n'a qu'une courte tige.

 Longueur du fer . . . . 32 cM.
 Largeur maximum du fer . . . . . . 4,2 »
 Longueur de la hampe . . . . 75 »
  » » » pointe infér. . . . . 5,5 »

Zambèze.

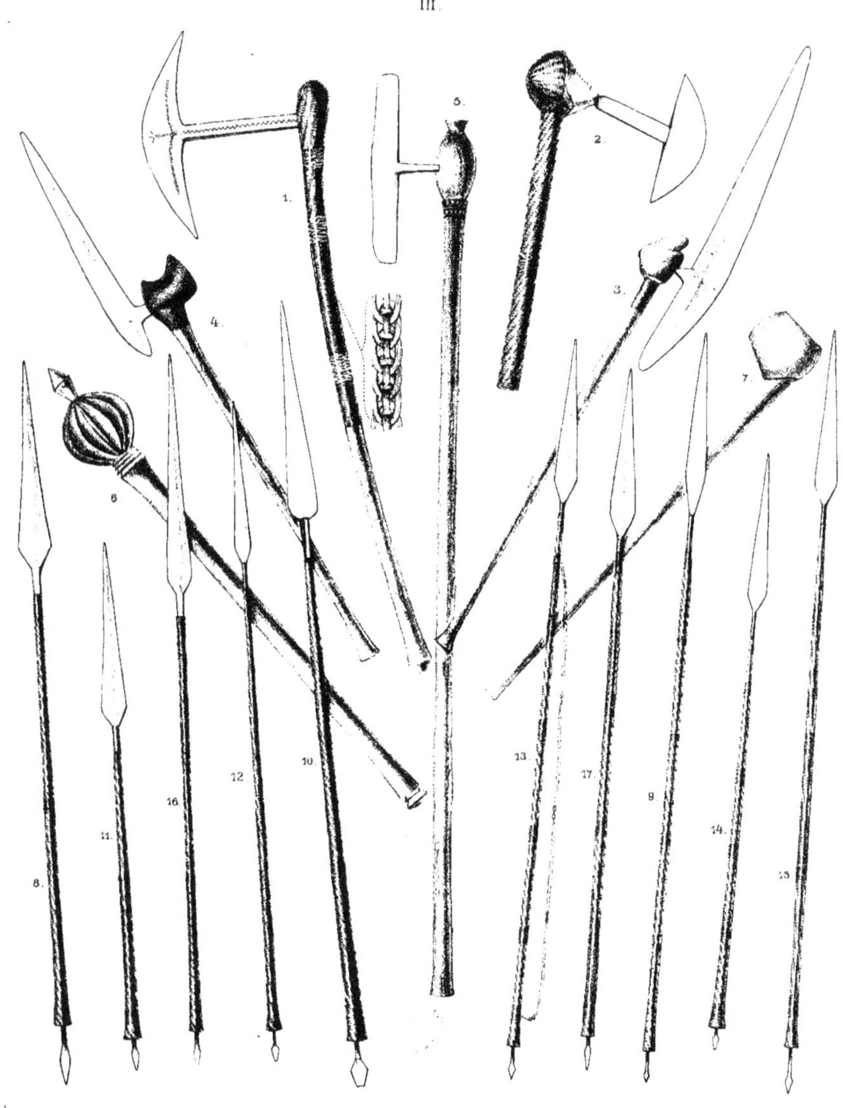

III

PLANCHE IV.

Figure 1 : $^1/_7$.

Assagaie à fer triangulaire très allongé, avec tige carrée, dont les arrêtes ont quatre ou cinq entamures peu profondes, faites à la lime. La hampe se termine coniquement par en bas. Sauf une surface circulaire à cette base, elle est toute recouverte de nattage en fil de laiton; le type A domine, mais est interrompu sur une longueur de 15 cM. au milieu de la hampe par le type D entre deux anneaux du type B; enfin, au haut de la hampe, le type D remplace de nouveau le type A, mais sans les anneaux. La pointe inférieure est corrugée et aigüe.

Longueur de l'arme . . . . . . 119 cM.
   »   du fer . . . . 33 »
Largeur maximum du fer . . . 4 »
Longueur de la pointe infér. . . 5,5 »

Zambèze.

Figure 2 ; $^1/_7$.

Assagaie conforme pour l'essentiel à celle de la figure 1. La lime a transformé chacune des quatre arrêtes de la tige du fer en une triple surface arquée; la tige s'adapte à la hampe et s'en enlève facilement; quand elle est en place, un petit anneau de fil de laiton type B, qui l'entoure, rejoint exactement un anneau semblable embrassant l'extrémité supérieure de la hampe. Plus bas, deux autres anneaux du même type partagent en trois parties égales la hampe, dont le reste est enveloppé de nattage du type A. La pointe inférieure n'est pas corrugée.

Longueur de l'arme . . . . . 124 cM.
   »   du fer . . . . . . 38 »
Largeur maximum du fer . . . 4.3 »
Longueur de la pointe infér. . . 5,5 »

Zambèze.

Figure 3 ; $^1/_7$.

Assagaie conforme pour l'essentiel à celle de la figure 1. Sept traces peu profondes ont été pratiquées à la lime sur chaque arrête de la tige du fer. La hampe est couverte de nattage du type A sans anneaux d'un autre type. La pointe inférieure n'est pas corrugée.

Longueur de l'arme . . . . . 115 cM.
   »   du fer . . . . . . 40 »
Largeur maximum du fer . . . 3,7 »
Longueur de la pointe infér. . . 5,8 »

Zambèze.

Figure 4 ; $^1/_7$.

Assagaie conforme pour l'essentiel à celle de la figure 1. Chaque arrête de la tige du fer a neuf barbes aigües, dirigées vers le haut à deux arrêtes opposées l'une à l'autre, et vers le bas aux deux autres arrêtes. Il y a sur la partie antérieure de la tige quelques figures triangulaires faites à la lime. La hampe est couverte, aussi à la base, de nattage en fil de laiton du type A, sauf un étroit anneau du type B au milieu, et un autre semblable au haut. La pointe inférieure est corrugée.

Longueur de l'arme . . . . . 125,5 cM.
   »   du fer . . . . . . 40 »
Largeur maximum du fer . . . 4,8 »
Longueur de la pointe infér. . . 8 »

Zambèze.

Figure 5 ; $^1/_7$.

Assagaie conforme pour l'essentiel à celle de la figure 1. Les quatre arrêtes de la tige du fer ont des barbes: il y en a six tournées vers le haut à chacune de deux arrêtes opposées l'une à l'autre, et cinq à l'une, sept à l'autre des deux autres arrêtes, tournées à celles-ci vers le bas. A droite et à gauche un coup de lime indique la démarcation entre la tête du fer et sa tige. La hampe se termine par en bas en forme conique, et, sauf un cercle à la base, est entièrement couverte de fil de laiton entrelacé d'après le type A. La pointe inférieure est plate et en forme de lozange.

Longueur de l'arme . . . . . 111 cM.
   »   du fer . . . . . . 35 »
Largeur maximum du fer . . . 4,5 »
Longueur de la pointe infér. . . 6,5 »

Zambèze.

Figure 6 : $^1/_7$.

Assagaie conforme pour l'essentiel à celle de la figure 1. La tige du fer a été tordue en tire-bouchons; elle a cinq circonvolutions juxtaposées. La hampe est, sauf à la base, couverte de nattage en fil de laiton du type A, avec un anneau étroit du type B un peu en dessous du milieu. La pointe inférieure est plate et en forme de lozange.

Longueur de l'arme . . . . . 106,5 cM.
Longueur du fer . . . . . . 38,8 »
Largeur maximum du fer . . . 4 »
Longueur de la pointe infér. . . 8,5 »

Zambèze.

Figure 7 : $^1/_7$.

Assagaie conforme pour l'essentiel à celle de la figure 1. Le fer peut s'enlever. La tige en est ronde et porte un anneau étroit de fil de laiton du type B qui rejoint exactement un anneau plus large de même facture, lequel embrasse l'extrémité supérieure de la hampe; celle-ci se termine coniquement en bas et est couverte d'un nattage type A qui s'arrête à un cM. de l'extrémité inférieure, et qui, outre l'anneau déjà mentionné, est remplacé en quatre autres endroits par des anneaux semblables, du type B.

Longueur de l'arme . . . . . 100,5 cM.
Longueur du fer . . . . . . 32 »
Longueur du fer retiré de la hampe 39 »
Largeur maximum du fer . . . 3 »

Zambèze.

Figure 8 : $^1/_7$.

Assagaie conforme pour l'essentiel à celle de la figure 1. La tige du fer est ronde; une trace faite à la lime de chaque côté indique la démarcation entre elle et la tête. La base de la hampe est sphérique et découverte; le reste en est enveloppé d'un nattage de fil de laiton du type A, avec quatre anneaux du type B, à intervalles égaux.

Longueur de l'arme . . . . . 136,5 cM.
   »   du fer . . . . . . 45 »
Largeur maximum du fer . . . 3,5 »
Diamètre de la hampe . . de 1,5 à 2 »

Zambèze.

Figure 9 : $^1/_7$. N. A. M.

Assagaie à hampe entièrement couverte de nattage en fil de laiton. Le type A est dominant; il est interrompu en quatre places régulièrement distribuées par le type C entre deux anneaux étroits du type B. Le fer est en forme de feuille allongée, corrugée, à longue tige, mince et ronde, entourée d'un anneau de fil de laiton du type B à l'endroit où commence la tête. La base de la hampe est en partie couverte par le nattage. Elle est arrondie et munie d'une petite pointe en cuivre jaune, corrugé, à forme de lozange.

Longueur du fer . . . . . . 56,5 cM.
Largeur maximum du fer . . . 4,5 »
Longueur de la hampe . . . . 96 »
   »   » » pointe infér. . . 3,7 »

Inhambane.

Figure 10: 1/7. N. A. M.

Assagaie à tête en fer et à hampe en bois: la moitié supérieure de celle-ci est enveloppée de fil de laiton entrelacé selon le type A; la partie inférieure s'élargit coniquement un peu. Le fer, de forme triangulaire allongée, a dans sa partie la plus large deux saillies en forme de longs rectangles, et a une tige qui, lorsqu'elle est enfoncée dans la hampe, est en partie recouverte par le nattage de celle-ci.

Longueur de l'arme . . . . . 112 cM.
» du fer . . . . 27,5 »
Largeur » » aux saillies . . 3 »
Inhambane.

Figure 11: 1/7.

Assagaie à fer en forme de feuille et à hampe en bois. La tige du fer est rendue invisible par un nattage en fil de laiton du type B, qui couvre aussi la partie supérieure de la hampe et sous lequel se trouve une enveloppe faite de fibres végétales. La hampe se termine en cône et finalement par un ornement fait de deux cônes unis par la base et surmontés d'un bouton sémi-sphérique.

Longueur de l'arme . . . . . 116,5 cM.
» du fer . . . . . . 9 »
Largeur maximum du fer . . . 3 »
Zambèze: type du Transvaal.

Figure 12: 1/7.

Assagaie à fer en forme de feuille avec un longue tige ronde, et à hampe de bois, dont la partie supérieure est entourée d'une bande de fer, d'épaisseurs diverses, disposée en spirale, avec trois circonvolutions, qui ne se touchent pas. Un ornement analogue se trouve au bas de la hampe et se rattache par sa partie supérieure à un nattage de fil de laiton du type B. La base de la hampe est munie d'une pointe obtuse en fer.

Longueur de l'arme . . . . 118 cM.
» du fer . . . . 21 »
Largeur maximum du fer . . . . . 2 »
Longueur de la pointe infér. . . . . 0,7 »
Zambèze. Arme de type du Transvaal, venue par accident sur les bords du Zambèze.

Figure 13; 1/7.

Assagaie à fer en forme de feuille et à hampe en bois noir. La tige du fer est carrée et fortement entamée par la lime aux quatre arrêtes. Il y a en haut de la hampe deux étroits anneaux de fil de laiton du type B et elle se termine par en bas par un ornement à peu près semblable à celui de l'assagaie de la figure 11. Il y a cette différence qu'ici le bouton se termine en cône.

Longueur de l'arme . . . . 63,5 cM.
» du fer . . . . 21 »
Largeur maximum du fer . . . . . 3 »
Zambèze. Arme ou jouet d'enfants.

Figure 14: 1/7.

Assagaie à fer en forme de feuille avec longue tige ronde et hampe en bois. Deux profondes entailles indiquent la démarcation entre la tige et la tête du fer. La partie supérieure de la hampe a un nattage en fil de laiton du type A, précédé en bas d'un étroit anneau du type B; plus bas encore trois autres anneaux du même type embrasent la hampe à intervalles irréguliers. A la base conique de la hampe il y a un ornement sculpté, consistant en un petit globe, qui va en s'épaississant en forme de cône, dont les bords s'arrondissent et finissent sphériquement. Un clou en cuivre est planté dans ce bouton.

Longueur de l'arme . . . . 109 cM.
» du fer . . . . . . 30 »
Largeur maximum du fer . . . . . 3 »
Inhambane (Gaza). Travail du Zambèze. Type du Transvaal.

Figure 15: 1/7.

Assagaie à fer en forme de feuille et à hampe en fer. La démarcation entre la hampe et la tête, qui est corrugée, est indiquée par un bourrelet. La hampe est ronde, sauf, vers le milieu, une longueur de 15 cM., qui est carrée: un des quatre côtés est orné d'une ligne en zigzag faite à la lime et enfermée entre deux figures que l'on a produites en évidant les arrêtes. On a forgé l'extrémité inférieure de la hampe de façon à former une petite pointe qui va en grossissant d'une manière à peine perceptible.

Longueur de l'arme . . . . 112 cM.
» de la tête . . . . . . 19 »
Largeur maximum de la tête. . . . 2.3 »
Zambèze. Rare.

Figure 16; 1/7.

Assagaie à tête corrugée, en forme de lozange, et à hampe en fer. Le hampe forme une espèce de ventre 12 cM. au-dessus de l'extrémité inférieure; elle se termine par un bouton forgé.

Longueur de l'arme . . . . 96 cM.
» de la tête . . . . . . 11 »
Largeur maximum de la tête. . . . 1,5 »
Zambèze. Rare.

Figure 17; 1/7.

Assagaie à fer corrugé en forme de lozange, et à hampe en bois noir. Le fer a une tige ronde qui forme une sorte de bosse à la démarcation. La partie supérieure de la hampe est entourée de fil de laiton entrelacé du type A; l'extrémité est conique et ornée par la sculpture de deux petites boules poligones, de la seconde desquelles pend un petit cône, dont on a arrondi la base; celle-ci en bas.

Longueur de l'arme . . . . 105 cM.
» du fer . . . . . . 35 »
Largeur maximum du fer . . . . . 3,5 »
Zambèze.

Figure 18: 1/7.

Assagaie à fer en forme de feuille avec longue tige ronde, et à hampe de bois. Des deux côtés de la tige une entaille faite à la lime indique l'endroit où commence la tête. La partie supérieure de la hampe est enveloppée d'un nattage de fibres végétales; l'extrémité inférieure est conique; à partir de quatre centimètres du bout, la hampe est ornée de quatre entailles circulaires et parallèles.

Longueur de l'arme . . . . 110 cM.
» du fer . . . . . . 39,5 »
Largeur maximum du fer . . . . . 2 »
Inhambane. Type du Transvaal.

Figure 19; 1/7. N. A. M.

Assagaie à fer corrugé en forme de triangle très allongé, à tige ronde, qui est plantée dans une hampe ronde en bois. En cet endroit, un anneau de fil de laiton entrelacé empêche la hampe de se fendre; celle-ci est en outre enveloppée d'une bande de cuir sur environ un cinquième de sa longueur. Elle va en s'épaississant coniquement vers le bas.

Longueur de l'arme . . . . . 140,5 cM.
» de la bande de cuir . 20 »
» du fer . . . . 40,5 »
Largeur maximum du fer . . . 3,5 »
Inhambane.

IV.

PLANCHE V.

Figure 1 ; ¹/₇.

Assagaie à fer en forme de feuille et à hampe en bois. La démarcation entre la tête du fer et sa tige, longue et ronde, est indiquée par une entaille peu profonde. La partie supérieure de la hampe est enveloppée d'un nattage de fil de laiton du type A ; la partie inférieure est un peu plus épaisse que le reste, en forme de tête de massue.

                Longueur de l'arme 120   cM.
                     »   du fer . . . . 34,5 »
                Largeur maximum du fer . . . . .   2,5 »
                Longueur de la partie nattée . . . . 8,5 »

Matabilis, au sud des Umzillas. Le nattage en fil de laiton est semblable à ce qui se voit sur le Zambèze.

Figure 2 ; ¹/₇. N. A. M.

Assagaie à fer en triangle allongé et à hampe en bois. Là où le fer s'inserre dans la hampe, celle-ci est entourée d'un nattage en fil de laiton du type A, entre deux anneaux étroits du type B. La tête du fer est corrugée ; il a une tige plate au haut de laquelle se trouve un bourrelet en fer forgé. La tige est implantée dans la hampe de façon à être en partie couverte par le nattage.

                Longueur de l'arme . . . . 108,5 cM.
                     »   du fer . . . . 28,5 »
                Largeur   »   »   4   »
                Longueur de la partie nattée. . . . 18,5 »

Inhambane.

Figure 3 ; ¹/₇.

Assagaie à fer en forme de feuille et à hampe de bois. La tige du fer est carrée par en haut et pour le reste ronde ; sur chacune des quatre faces de la partie carrée on a détaché en partie le métal de façon à former trois barbelures, tournées en haut sur deux faces opposées l'une à l'autre, et en bas sur les deux autres. Une bande de fer large de 1,4 cM. s'enroule en forme de spirale, en faisant dix tours, autour de la partie supérieure de la hampe : plus bas la hampe est incrustée, tout autour, de morceaux de fil de laiton, placés dans le sens de la longueur. L'extrémité inférieure se termine en pointe et est entourée d'une bande de laiton en spirale, qui fait dix tours. A 23,5 cM. plus haut que la pointe, se trouve une spirale de fil de laiton, en dessous de laquelle on a planté dans le bois quelques petits clous de cuivre. Les circonvolutions de toutes ces spirales sont contiguës.

                Longueur de l'arme 120   cM.
                     »   du fer 33   »
                Largeur maximum du fer . . . . .   2,5 »
                Longueur de la spirale supérieure . . 11,5 »
                     »   »   médiane . . . 3,5 »
                     »   »   inférieure. . . 9   »

Inhambane (Gaza). La spirale en fil de laiton est une mode des Zoulous.

Figure 4 ; ¹/₇.

Assagaie à fer corrugé, en forme de feuille, et à hampe de bois. Le fer a une longue tige ronde. Au haut de la hampe une bande de fer, de 1,5 cM. de largeur et de 0,25 cM. d'épaisseur, s'enroule en spirale, en faisant neuf tours qui se touchent : une bande semblable fait sept tours au bas de la hampe. De l'extrémité inférieure sort une pointe aiguisée, en forme de coin.

                Longueur de l'arme 137   cM.
                     »   du fer 49   »
                Largeur maximum du fer . . . . .   3,5 »
                Longueur de la spirale supérieure . . 9   »
                     »   »   »   inférieure . . 8,5 »
                     »   de la pointe inférieure. . . 9   »

Zambèze.

Arme d'un type devenu rare sur les bords du Zambèze. La bande de fer enroulée en spirale se rencontre chez les Mondombes et chez les Caffres de l'Afrique méridionale.

Figure 5 ; ¹/₇.

Assagaie à fer corrugé en forme de feuille, et à hampe de bois. Le fer a une longue tige ronde, marquée d'une profonde entaille de chaque côté à l'endroit où elle se détache de la tête. Une bande de cuir s'enroule autour de la partie supérieure de la hampe, dont la partie inférieure est enfermée dans un morceau de cuir, cousu dans le sens de la longueur au moyen d'une forte ficelle et se terminant par une queue de vache.

                Longueur de l'arme 117   cM.
                     »   du fer . . . . 31,5 »
                Largeur maximum du fer . . . . .   1,7 »
                Longueur de la partie sup. couverte de cuir 43   »
                     »   » »   inf. avec la queue 66,5 »
                Partie non recouverte de la hampe . 15   »

Zambèze. Cette arme se rencontre aussi dans le Sud-Ouest de l'Afrique. Ratzel, dans son »Die Naturvölker Afrika's«, pages 35 et 327, donne des dessins d'assagaies des Ovahereros, où la queue de vache se trouve au milieu ou à peu près de la hampe.

Figure 6 ; ¹/₇. J. Z. R.

Assagaie à fer corrugé en forme de feuille, et à hampe en bois. La démarcation entre la tête et la tige du fer, celle-ci ronde, est marquée par un bourrelet. Une bande de fer forgé, convexe dans le sens de la longueur, large de 1,5 cM., entoure en spirale la partie supérieure de la hampe ; elle fait six tours ; une bande semblable fait huit tours à la partie inférieure ; à l'extrémité inférieure se trouve une pointe, de la forme d'un fer de lance, à large tige plate.

                Longueur de l'arme 142   cM.
                     »   du fer . . . . 36,5 »
                Largeur maximum du fer   4   »
                Longueur de la pointe infér. . . . 11   »
                     »   » » spirale . . . 12,5 »
                     »   » »   »   supér. . . .   8   »

Zambèze. Arme peu répandue.

Figure 7 ; ¹/₇. J. Z. R.

Assagaie à fer en forme de feuille et à hampe de bois. La tige du fer a huit pans et s'élargit très fort vers le bas, où elle est évidée pour pouvoir embrasser le haut de la hampe. La tige, qui se termine en pointe, se prolonge jusqu'à la moitié de la feuille du fer, qui est creusée en forme de segment de cercle le long de chaque côté de ce prolongement. Cette décoration se trouve sur les deux faces du fer. Un barreau carré en fer entoure en spirale la partie inférieure de la hampe, faisant quatre tours, de telle façon qu'une des arrêtes reste toujours en vue.

                Longueur de l'arme . . . . 177,5 cM.
                     »   du fer 41   »

Largeur maximum du fer . . . . . 3,5 cM.
Longueur de la tige . . . . 28,7 »
Largeur maximum de la tige . . . . 2,5 »
Longueur de l'excavation de la feuille . 0 »
»   de la spirale . . . . . . 3 »

Il est douteux que cette arme soit originaire de la côte orientale.

Figure 8 ; 1/7.

Assagaie à fer en forme de feuille et à hampe de bois. La démarcation entre la tête et la tige du fer est indiquée par une profonde entaille, qui fait le tour de celle-ci: une seconde entaille circulaire divise la tige en deux parties, dont la supérieure est blanche, l'inférieure noire. La partie supérieure de la hampe est entourée de fibres végétales: l'autre extrémité porte de deux côtés une petite tabatière formée de deux cônes à base commune: ces tabatières se terminent par une tige cylindrique tournée en bas et entourée de fibres végétales; l'orifice en est fermé au moyen d'un bouchon en bois: elles sont cannelées dans le sens de la longueur: elles ne font qu'une pièce avec la hampe.

Longueur de l'arme . . . . 108,5 cM.
»   du fer . . . . 25 »
Largeur maximum du fer . . . . . 4,5 »
Longueur du nattage . . . . . . 10 »
»   de la tabatière avec bouchon 11,5 »
Largeur   »   »   »   . . . . . 4 »

Gaza. Très rare.

Figure 9 ; 1/7. N. A. M.

Assagaie à fer en lozange dont les angles sont arrondis; la hampe est cylindrique, l'extrémité inférieure plus épaisse que le reste. Le fer a une tige qui est plantée dans la partie supérieure de la hampe, qui est renforcée, pour l'empêcher de se fendre, par une bande de fer forgé en spirale, qui fait dix tours.

Longueur de la hampe . . . . . . 108 cM.
»   »   » spirale . . . . . . 8 »
»   du fer . . . . 19 »
Largeur   »   »   . . . . 5,5 »

Inhambane.

Figure 10 ; 1/7.

Assagaie à fer en forme de feuille, et à hampe en bois. La tige du fer est ronde et marquée des deux côtés d'un trait de lime à la naissance du fer. La partie supérieure de la hampe est entourée de fil de laiton entrelacé selon le type A: la partie inférieure s'épaissit coniquement pour se terminer en pointe conique: une entaille circulaire marque la base commune des deux cônes.

Longueur de l'arme . . . . 125,5 cM.
»   du fer . . . . 24,5 »
Largeur maximum du fer . . . . . 7,5 »
Longueur du nattage . . . . . . 10 »
»   » cône inférieur . . . . 6 »

Nègres Matabilis, au sud des Umzillas: le nattage en fil de laiton comme sur le Zambèze.

Figure 11 ; 1/7.

Assagaie à fer en forme de feuille planté dans une hampe en bois. La tige du fer est ronde et courte: un trait de lime de chaque côté marque l'endroit de la naissance du fer. Un morceau de peau, partiellement couvert de poil, cousu dans le sens de la longueur de la hampe, enveloppe la partie supérieure de celle-ci: l'autre extrémité se termine en pointe conique.

Longueur de l'arme . . . . 141 cM.
»   du fer . . . . 23 »
Largeur maximum du fer . . . . . 8,3 »
Longueur de l'enveloppe en peau . . 19 »

Gaza: l'enveloppe en peau est rare.

Figure 12 ; 1/7. J. Z. R.

Assagaie à fer en forme de feuille et à hampe de bois. La tige du fer est plate et plus large aux deux tiers extrêmes qu'au milieu: des ouvertures longitudinales font ressembler ces deux extrémités à des anneaux allongés; la partie médiane forme un rectangle allongé, orné d'une ligne en zigzag entre des entailles transversales qui se prolongent sur les côtés; des traits de lime ornent de même transversalement les deux autres parties de la tige. Un nattage du type A en fil de laiton entoure la partie supérieure de la hampe; un autre est placé à 4,5 centimètres de l'extrémité inférieure. Vers le bas, la hampe s'épaissit quelque peu.

Longueur de l'arme . . . . 123 cM.
»   du fer . . . . 32 »
Largeur maximum du fer . . . . . 3 »
Longueur du nattage supérieur . . . 10 »
»   »   » inférieur . . . 2 »

Zambèze. Rare.

Figure 13 : 1/7. J. Z. R.

Assagaie conforme pour l'essentiel à celle de la figure 12. La tige du fer forme trois anneaux allongés, séparés par deux carrés ornés d'entailles transversales.

Longueur de l'arme . . . . . . , . 122 cM.
»   du fer . . . . 33 »
Largeur maximum du fer . . . . . 2,5 »
Longueur du nattage supérieur . . . 10,5 »
»   »   » inférieur . . . 1,5 »

Zambèze. Rare.

Figure 14 ; 1/7. N. A. M.

Assagaie à hampe de bois. Deux entailles noircies au feu, partant, l'une du milieu de la partie inférieure, l'autre du milieu de la partie supérieure, contournent la hampe en spirale; l'intervalle entre les deux est rempli par des entailles obliques, aussi noircies, qui forment des groupes de neuf ou dix inclinés en sens inverse les uns des autres. Le fer est porté par une tige plantée dans la hampe; à la jonction de la hampe elle est ornée d'un anneau conique. Les sculptures de la partie inférieure de la hampe aboutissent par en haut à quatre bourrelets, et par en bas à deux, dont l'inférieur se termine en cône. Le fer est uni et forme un triangle allongé, à angles et à pointe arrondis. La tige est courte et s'enfonce purement et simplement dans la hampe.

Longueur du javelot . . . . 153 cM.
»   du fer . . . . 22 »
Largeur   »   » à la base . . . . . 5,5 »

Inhambane.

Figure 15 ; 1/10.

Bouclier ovale, en peau de bœuf à laquelle on a laissé les poils, avec taches blanches et noires. Un double rang de coupures transversales laisse passer d'un côté à l'autre du bouclier deux bandes de peau, avec leur poil, larges comme les coupures sont longues, qui forment ainsi une sorte de nattage dans le sens de la longueur. Cela dessine sur la face extérieure du bouclier deux rangées de dix-huit figures presque carrées, les rangées interrompues au milieu. A l'intérieur, six passants en peau avec son poil, en forme de trapèzes isocèles, retiennent un bâton rond, qui suit l'axe du bouclier, le dépassant par en haut et par en bas, et dont la partie supérieure est entourée de peau jaune-brun avec son poil. Une ganse en peau, fixée à côté de ce bâton, sert de poignée. Deux cordons en peau, fixés à l'intérieur du bouclier à côté du bâton, doivent probablement servir à suspendre l'arme.

Longueur du bouclier . . . . 91 cM.
Largeur   »   »   . . . . 55 »
Longueur du bâton . . . . 122 »
»   de l'enveloppe du bâton . . 20 »

Zambèze.

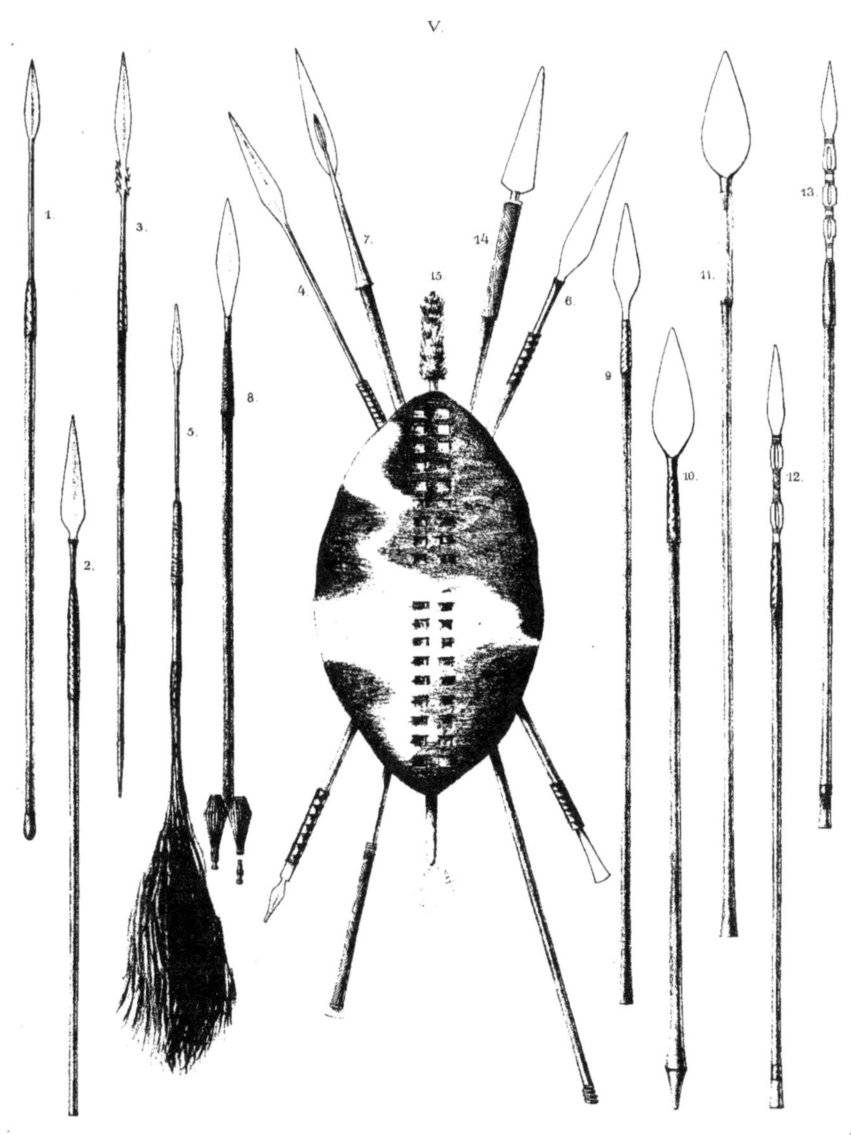

HENDRIK P. N. MULLER ET JOH. F. SNELLEMAN. L'industrie des Caffres dans le Sud-Est de l'Afrique.

PLANCHE VI.

Figure 1; 1/10.

Bouclier semblable à celui de la figure 15 de la planche V : il est fait de cuir sans poil; les bandes qui y sont entrelacées ont leur poil; elles figurent sur la face extérieure du bouclier deux rangées de vingt-huit carrés chacune. Un trou au milieu du bouclier a été réparé au moyen d'un morceau de cuir cousu à l'intérieur.

  Longueur du bouclier. . . . . 90 cM.
  Largeur » » . . . . 60 »
  Longueur du bâton . . . . 121 »
   » de l'enveloppe du bâton . . 12 »
Zambèze.

Figure 2; 1/10.

Bouclier semblable à celui de la figure 15 de la planche V; il a deux rangées de quatorze carrés chacune; deux boucles en cuir à côté du bâton, à l'intérieur de l'arme, servent de poignées.

  Longueur du bouclier. . . . . 75 cM.
  Largeur » » . . . . 46 »
  Longueur du bâton . . . . 107 »
   » de l'enveloppe du bâton . . 13 »
Zambèze.

Figure 3; 1/10.

Bouclier semblable aux précédents, en peau de bœuf foncée, avec le poil; il a deux rangées de vingt et un carrés chacune. Le bâton est assujetti au moyen de quatre passants.

  Longueur du bouclier. . . . . 99 cM.
  Largeur » » . . . . 58 »
  Longueur du bâton . . . . 118 »
   » de l'enveloppe du bâton . . 13 »
Zambèze.

Figure 4; 1/10.

Bouclier semblable à celui de la planche V, fig. 15, en peau brun-gris à raies noires; les bandes entrelacées sont de la même couleur, ce qui est assez rare, et forment deux rangées de dix-huit carrés chacune. La partie supérieure du bâton est enveloppée d'une bande de peau à poils fins blanc-gris, longs d'environ vingt-quatre cM. A côté du bâton, au milieu du bouclier, il y a deux boucles verticales en cuir tordu, avec son poil (9,5 cM. de distance entre les deux points

d'attache); une boucle horizontale de cuir avec son poil se trouve à un quart de la hauteur (distance entre les points d'attache, 10 cM.).

  Longueur du bouclier. . . . . 95 cM.
  Largeur » » . . . . 58 »
  Longueur du bâton . . . . 112 »
   » de l'enveloppe du bâton . . 14,5 »
Gaza.

Figure 5; 1/10.

Bouclier en peau de bœuf noire avec son poil, avec bandes en peau avec son poil, qui est blanc, entrelacées comme pour les précédents, seulement les incisions sont beaucoup plus larges, de façon à former deux rangées, interrompues en trois endroits, chacune de vingt-cinq figures rectangulaires allongées. Le bâton n'est pas visible par devant; quatre passants servent à l'assujettir; une de ses extrémités est munie d'une pointe carrée en fer; chacun des deux bouts est entouré en spirale d'une bande de fer. Pour poignées il y a au milieu du bouclier à côté du bâton deux boucles verticales en cuir tordu, qui a son poil.

  Longueur du bouclier. . . . . 82 cM.
  Largeur » » . . . . 51 »
  Longueur du bâton avec son fer. . . 75 »
   » du fer . . . . 5,5 »
   » des spirales en fer . . . . 0,5 »
  Distance des points d'attache des boucles 9 »
Pays des Zoulous, type ordinaire.

Figure 6; 1/9. M. E. L.

Bouclier semblable à celui de la figure 5, en cuir à poil blanc, avec une grande tache brune en haut. Deux bandes de cuir à poil noir forment deux rangées, interrompues au milieu, chacune de trente-quatre parallélogrammes rectangles. A l'intérieur se trouvent neuf passants triangulaires pour maintenir le bâton; celui-ci manque. Vers le troisième de ces passants depuis le haut, se trouve une boucle, devant servir à suspendre l'arme; entre le quatrième et le cinquième une double boucle verticale en cuir tordu sert de poignée.

  Longueur du bouclier. . . . . 111 cM.
  Largeur » » . . . . 67,5 »
Zoulous.

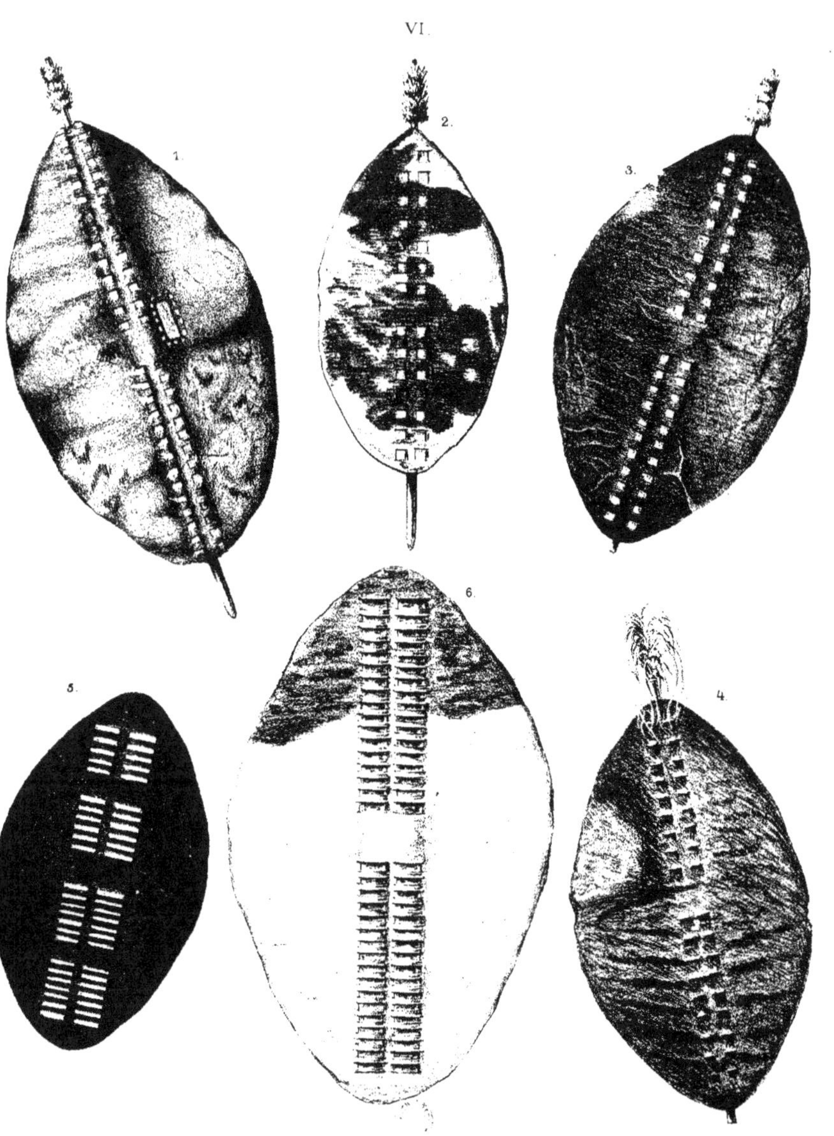

NDRIK P. N. MÜLLER ET JOH. F. SNELLEMAN, L'industrie des Cafres dans le Sud-Est de l'Afrique.

PLANCHE VII.

Figure 1; 1/3.

Poire à poudre faite d'une corne de buffle, taillée à neuf pans et ornée de cercles, de lignes onduleuses et de hachures, le tout gravé. L'ouverture la plus grande est ovale et a un bouchon en bois à neuf pans sur le pourtour, qui s'y insinue, et qui est surmonté d'un demi-cylindre percé d'un trou, où passe une boucle en fibres végétales; il est maintenu en place par neuf chevilles de bois, dont chacune traverse un des pans de la corne pour pénétrer dans le bois du bouchon et a été coupée à ras de la surface extérieure. Il est probable que cette corne n'a pas été employée dans les derniers temps; du moins on a calfeutré avec de la cire rouge l'interstice entre le bouchon et le couvercle. A l'autre extrémité, la corne a une sorte de col, d'où sort le bec où est l'orifice, fermé au moyen d'un bouchon en bois.

  Longueur de la corne . . . . 37,5 cM.
  Diamètres de la grande ouverture 6,5 et 7 »
   » » » petite » . . . 1,5 »
Très rare. Zambèze.

Figures 2 et 15; 1/7.

Carquoi de cuir mince, encore en partie couvert de son poil, cousu dans le sens de la longueur. Il est fermé par en bas au moyen d'un manchon en cuir, plus court que le carquoi, qui s'adapte dessus et qui a un fond. Une bretelle en fibres végétales y est attachée par deux boucles, une en haut et l'autre en bas. Le carquoi renferme huit flèches d'égale longueur, en roseau, à fer à double barbe; une des barbes a parfois été exprès faite plus longue que l'autre, comme on peut le voir sur la figure 15. On a enveloppé l'extrémité supérieure de la hampe avec des fibres que l'on a ensuite enduites de poix. Une enveloppe semblable préserve de se fendre la partie inférieure, dans laquelle on a glissé un petit bâton où se trouve la coche destinée à la corde de l'arc. (Voy. pl. XXVII, fig. 1).

  Longueur du carquoi. . . . . 57 cM.
  Largeur » » aplati . . . . 7 »
  Longueur du manchon . . . . 6 »
   » d'une flèche . . . . . . 77 »
   » du fer de flèche . . . . . 13 »
   » de l'enveloppe supérieure . . 3,5 »
   » » » inférieure . . 1,5 »
   » du morceau de bois qui porte la coche 28,5 »
   » de la partie dépassant la hampe 3 »
   » des bras de la pièce de bois 2,5 »
Gaza. D'ordinaire on ne porte pas les flèches dans un carquoi, mais attachées à un bout de la corde de l'arc qui dépasse celui-ci.

Figure 3; 1/7. N. A. M.

Flèche de pêche à fer à double barbe glissé dans la hampe sans y tenir, et relié à celle-ci au moyen d'une courroie qui y est attachée, à douze cM. de l'extrémité, dans une incision circulaire, au moyen d'un nœud plat, et de la même manière au fer. La partie supérieure du fût est en bois et entourée de fibres d'écorce en spirale là où le fer y entre. L'autre partie est faite de roseau et est assujettie à la première par le moyen d'écorce. Une protection semblable empêche l'extrémité inférieure de se fendre sous la pression du morceau de bois qui y est placé pour recevoir la corde de l'arc. (Voy. pl. XXVII, fig. 1).

  Longueur de la flèche . . . . 106 cM.
   » » partie en bois du fût . 54,5 »
   » » » » roseau » . 37,5 »
   » du fer . . . . 13 »
   » de la courroie . . . . . 39 »
Inhambane.

Figure 4; 1/7.

Flèche à fer triangulaire corrugé à double barbe, porté sur une tige ronde, et à hampe de bois, entourée de fibre animale à sa partie supérieure, et munie à l'autre bout de cinq plumes, coupées courtes, régulièrement distribuées autour du fût. (Pour le mode d'attache de ces plumes avec du fil de coton, voy. pl. XXVII, fig. 1). Une coche pratiquée dans l'extrémité inférieure est destinée à la corde de l'arc.

  Longueur de la flèche . . . . 85 cM.
   » du fer . . . . 10,5 »
  Largeur » » . . . . 2,8 »
  Longueur occupée par les plumes . . 9 »
   » de l'enveloppe. . . . . . 5 »
Zambèze.

Figure 5; 1/7.

Flèche à fer triangulaire corrugé à double barbe, porté sur une tige carrée, et à hampe de roseau, entourée de fibre animale à sa partie supérieure, encochée pour la corde de l'arc à l'autre bout, et munie par en bas de six plumes coupées courtes, attachées avec des fibres semblables à celles dont est faite l'enveloppe.

  Longueur de la flèche . . . . 76 cM.
   » du fer . . . . 9,5 »
  Largeur » » . . . . 2,8 »
  Longueur de l'enveloppe. . . . . . . 7,5 »
   » occupée par les plumes . . 7 »
Zambèze.

Figure 6; 1/7. J. Z. R.

Flèche à fer triangulaire à double barbe, porté sur une tige qui est entourée d'une mince couche de gutta percha. Le fût est de roseau, entouré de fibre animale par en haut, encoché par en bas et muni d'une seule plume.

  Longueur de la flèche . . . . 83,5 cM.
   » du fer . . . . 17,5 »
  Largeur » » . . . . 2,8 »
  Longueur de l'enveloppe . . . . . 7 »
  Longueur occupée par la plume. . . . 16,5 »
Zambèze.

Figure 7; 1/7.

Flèche à fer triangulaire corrugé, à double barbe, fixé à un fût en roseau, entouré par en haut de fibre animale et encoché par en bas.

  Longueur de la flèche . . . . 77,5 cM.
   » du fer . . . . 9,5 »
  Largeur » . . . . 3 »
  Longueur de l'enveloppe . . . . . 3,5 »
Zambèze.

Figure 8; 1/7. J. Z. R.

Flèche à fer triangulaire corrugé, à double barbe, porté sur une tige qui est entourée d'une mince couche de gutta percha. La hampe est en roseau: à la partie supérieure elle est enserrée dans un petit anneau de peau de serpent, en dessous duquel s'en trouve un autre fait de fibres végétales: elle est encochée par en bas et munie d'une plume unique. La partie occupée par la plume est divisée au moyen d'incisions circulaires en trois portions égales, dont les deux extrêmes sont ombrées au moyen de lignes transversales ondulées.

  Longueur de la flèche . . . . 88 cM.
   » du fer . . . . 22 »
  Largeur » . . . . 2,8 »
  Longueur de l'enveloppe en peau de ser-
   pent . . . . 1,5 »
  Longueur de l'enveloppe en fibres . . 5,5 »
   » occupée par la plume. . . 14 »
Zambèze.

Figure 9; 1/7.

Flèche à fer triangulaire corrugé, à double barbe, porté sur une tige ronde et à fût en roseau. La coche du bas du fût est garantie par une enveloppe en fibre animale. Il y a quatre plumes coupées courtes. L'enveloppe de la partie supérieure a été perdue et remplacée par de la ficelle.

  Longueur de la flèche . . . . 83 cM.
   » du fer . . . . 9 »
  Largeur » . . . . 2,5 »
  Longueur de l'enveloppe inférieure. . 4,5 »
   » occupée par les plumes . . 9 »

Figure 10: 1/7. *J. Z. R.*

Flèche à fer triangulaire corrugé, à double barbe, porté sur une tige qui est entourée d'une mince couche de gutta percha. Le fût est en roseau; par en haut il est enveloppé de fibre animale: par en bas il est encoché et muni d'une plume unique.

    Longueur de la flèche 86   cM.
        »   du fer 19,5   »
    Largeur   » 2,8   »
    Longueur de l'enveloppe 7   »
        »   occupée par la plume. . . 17   »
Zambèze.

Figure 11; 1/7.

Flèche à fer triangulaire corrugé, à double barbe; fût en roseau, muni par en haut d'une enveloppe en fibres végétales, encoché par en bas.

    Longueur de la flèche . . . . . . 79,5 cM.
        »   du fer . . . . 8,5 »
    Largeur   » . . . . 2,8 »
    Longueur de l'enveloppe 3   »
Zambèze.

Figure 12: 1/7.

Flèche à fer triangulaire corrugé, à double barbe, porté sur une tige dont la partie supérieure a été tordue en spirale. Fût en roseau, muni par en haut d'une enveloppe en fibre animale, et par en bas, droit en-dessus de la coche, d'un petit anneau de rotin tressé.

    Longueur de la flèche 83   cM.
        »   du fer 9   »
    Largeur   » . . . . 2,8 »
    Longueur de l'enveloppe supérieure . 9   »
        »   »   inférieure. . 1   »
Zambèze.

Figure 13; 1/7.

Flèche à fer triangulaire corrugé, à double barbe, porté sur une tige carrée munie sur chaque face d'une barbelure tronquée tournée en bas: ces barbelures sont placées de telle façon que la ligne reliant leurs bases formerait une spirale. Fût de roseau, protégé aux deux extrémités par un anneau fait de fibres végétales, muni par en bas de cinq plumes coupées courtes, et encoché.

    Longueur de la flèche 78   cM.
        »   du fer 9   »
    Largeur   » 3   »
    Longueur occupée par les plumes . . 10   »
Zambèze.

Figure 14; 1/7.

Flèche à fer triangulaire corrugé, à double barbe, porté sur une tige carrée munie sur chaque face de rangées de barbelures tournées alternativement vers le haut et vers le bas. Fût en roseau, muni par en bas de sept plumes coupées courtes qui sont assujetties au moyen de fil de coton et de fibres végétales. Il est encoché à l'extrémité inférieure et protégé par en haut et par en bas par un entourage de fibres végétales.

    Longueur de la flèche 89   cM.
        »   du fer . . . . 10,5 »
    Largeur   » . . . . 3,5 »
    Longueur de l'enveloppe supérieure . 6   »
        »   »   inférieure. . 6   »
        »   occupée par les plumes. . 10 »
Zambèze.

Figure 15; 1/7.

Voyez la figure 2.
Gaza.

Figure 16: 1/7.

Flèche à fer triangulaire corrugé, à double barbe: fût de roseau encoché en bas, protégé par en haut et par en bas par des anneaux de fibres végétales.

    Longueur de la flèche 77   cM.
        »   du fer 6   »
    Largeur   » . . . . 2,8 »
    Longueur de l'enveloppe supérieure . 3,5 »
        »   »   inférieure. . 1,5 »
Zambèze.

Figure 17: 1/7.

Flèche à fer en forme de lancette, corrugé, porté sur une tige qui disparaît complètement dans le fût, lequel est en roseau. Celui-ci est orné de taches noires faites au feu, enveloppé de fibres végétales par en haut et encoché en bas.

    Longueur de la flèche . . . . . . 83,5 cM.
        »   du fer . . . . 12,5 »
    Largeur   » 2   »
    Longueur de l'enveloppe . . . . . 6,5 »
Zambèze.

Figure 18; 1/7.

Flèche à fer en forme de lancette, corrugé, porté sur une tige carrée; le haut et le bas du fût ont une enveloppe de fibres végétales; le bas est encoché et muni de sept plumes coupées courtes.

    Longueur de la flèche . . . . . . 85,5 cM.
        »   du fer 9   »
    Largeur   » . . . . 1,7 »
    Longueur de l'enveloppe inférieure. . 5   »
        »   »   supérieure . 5   »
        »   occupée par les plumes. . 6,5 »
Zambèze.

Figure 19; 1/7.

Flèche à fer en forme de lancette, dont la tige disparaît pour une part dans le fût, et pour l'autre part sous une enveloppe en fibre animale. La coche du bas est protégée par un anneau de rotin tressé, au-dessus duquel est une enveloppe en fibres animales.

    Longueur de la flèche . . . . . . 91,5 cM.
        »   du fer . . . . 7,5 »
    Largeur   » . . . . 1,5 »
    Longueur de l'enveloppe supérieure . 10   »
        »   »   inférieure. . 4,5 »
Zambèze.

Figure 20; 1/7. *N. A. M.*

Flèche à fer corrugé en forme de feuille, sur une tige ornée à droite et à gauche de barbelures pointues tournées vers le bas. Fût en roseau, avec une coche en bas protégée par une enveloppe de fibres animales.

    Longueur de la flèche 89   cM.
        »   du fer 13   »
    Largeur   » » . . . . 1,25 »
Inhambane.

Figure 21; 1/7.

Flèche à fer en forme de feuille, sur une tige carrée, dont deux des faces opposées l'une à l'autre ont chacune sept barbelures courtes tournées vers le bas. Fût de roseau, encoché en bas, entouré de fibres végétales en haut et en bas.

    Longueur de la flèche . . . . . . 78,5 cM.
        »   du fer 12   »
    Largeur   » » . . . . 1,2 »
    Longueur de l'enveloppe supérieure. . 6   »
        »   »   »   inférieure. . 1   »
Zambèze.

Figure 22; 1/7.

Flèche à fer en forme de feuille, sur une tige carrée, armée sur chaque face de douze courtes barbelures tournées en bas, lesquelles sont rangées de telle façon que la ligne unissant leurs bases formerait une spirale. Fût de roseau, encoché en bas; le haut bout est entouré de fil de laiton provenant évidemment de quelque ouvrage de nattage.

    Longueur de la flèche . . . . . . 83,5 cM.
        »   du fer 14   »
    Largeur   » » 1   »
    Longueur de l'enveloppe. 6   »
Zambèze.

Figure 23; 1/7.

Flèche semblable à la précédente pour les traits essentiels. Chaque face de la tige du fer a huit courtes barbelures. La coche est protégée par un étroit anneau de rotin. La partie supérieure du fût a une protection en fibre animale.

    Longueur de la flèche 88   cM.
        »   du fer 12   »
    Largeur   » » . . . . 1,4 »
    Longueur de l'enveloppe supérieure. . 6,5 »
Zambèze.

PLANCHE VIII.

Figure 1; 1/7.

Flèche à fer corrugé en forme de feuille, sur une tige dont la partie supérieure est carrée et armée sur chaque face de huit barbelures courtes tournées vers le bas; la partie inférieure est ronde et non barbelée. Fût en roseau, entouré par le haut de fibre animale, protégé en bas par un anneau de fibres végétales.

    Longueur de la flèche   80   cM.
       »   du fer   15   »
    Largeur » »   1,5   »
    Longueur de l'enveloppe supérieure. . 4,5 »
Zambèze.

Figure 2; 1/7.

Flèche conforme pour l'essentiel à la précédente. La tige du fer est partout carrée, avec huit barbelures sur chaque face, plantées suivant une ligne spirale.

    Longueur de la flèche . . . . . . 86,5 cM.
       »   du fer   13,5   »
    Largeur » »   1,4   »
    Longueur de l'enveloppe supérieure. .   3   »
Zambèze.

Figure 3; 1/7.

Flèche à fer en forme de lancette, sur une tige dont le tiers supérieur a été tordu en spirale. Fût en roseau; le haut enveloppé de ficelle couverte d'une mince couche de poix: droit au dessous de cette enveloppe est un anneau de rotin refendu. Coche en bas.

    Longueur de la flèche   85   cM.
       »   du fer   15,5   »
    Largeur » »   1   »
    Longueur de l'enveloppe de ficelle . .   4   »
       »   »   »   rotin . . .   1   »
Zambèze. Fer de forme peu répandue.

Figure 4; 1/7.

Flèche à fer corrugé en forme de lozange, à fût de roseau dont les deux bouts sont entourés de fibres végétales: le bas est muni de quatre plumes coupées courtes.

    Longueur de la flèche   78   cM.
       »   du fer   8,5   »
    Largeur » »   2   »
    Longueur de l'enveloppe supérieure. .   4   »
       »   »   »   inférieure . .   2   »
       »   occupée par les plumes . .   8   »

Figure 5; 1/7. J. Z. B.

Flèche à fer en forme de feuille, avec une tige dont la partie supérieure a quelques barbelures. Fût en roseau: en haut, enveloppe en fibres animales: en bas, cinq plumes coupées courtes, et coche.

    Longueur de la flèche   80   cM.
       »   du fer   13,5   »
    Largeur »   1,4   »
    Longueur de l'enveloppe   5   »
       »   occupée par les plumes . .   4   »
Zambèze.

Figure 6; 1/7. N. A. M.

Flèche à tête en bois quadrangulaire, pointue, munie de barbelures émoussées, plantées en quinconce: la hampe est en roseau et la tête y est assujettie au moyen de fibre animale serrée autour, et entourée elle-même de ficelle nouée autour du fût et autour de la tête. Immédiatement au dessous de cette enveloppe s'en trouve une seconde, et enfin une troisième, en bas du fût, préserve celui-ci, qui pourrait sans cela se fendre par l'effort de la corde de l'arc dans la coche de la flèche.

    Longueur du fût . . . . 75,5 cM.
       »   de la tête 13,5   »
Inhambane.

Figure 7; 1/6.

Arc de bois, cylindrique, fortement courbé, diminuant d'épaisseur vers les deux bouts, qui se terminent en pointe et qui portent une corde faite d'une bande de cuir roulée; cette corde a été rompue vers le cinquième de la longueur et on l'a raccommodée en y faisant un nœud. Une enveloppe de fil de laiton du type B renforce le bois de l'arc vers les deux extrémités, là où la corde y est attachée.

    Longueur de l'arc 159   cM.
       »   de la corde 138   »
       »   de l'enveloppe   3,5   »
Zambèze.

Figure 8; 1/6.

Arc semblable au précédent pour les traits essentiels. Le bois n'est renforcé par aucune enveloppe. La corde est attachée aux extrémités mêmes: à l'un des bouts il en reste 161 cM. de flottants.

    Longueur de l'arc 153   cM.
       »   de la corde 145   »
Zambèze.

Figure 9; 1/6.

Arc de même type que les précédents. Trois liens de rotin refendu et entrelacé, de largeurs différentes, embrassent le bois à distances inégales, en dedans des points d'attache de la corde.

    Longueur de l'arc 150   cM.
       »   de la corde 123   »

Figure 10; 1/6.

Arc de même type que les précédents. Les deux bouts du bois sont ornés chacun de trois enveloppes de rotin entrelacé.

    Longueur de l'arc . . . . 148,5 cM.
       »   de la corde 132,5   »
       »   des enveloppes en allant du } 2; 17: 5,5.
            mince à l'épais . . . .
Inhambane.

Figure 11; 1/6.

Arc de même type que les précédents. Sauf la largeur de la main à chaque extrémité et au milieu, le bois est entièrement recouvert d'une courroie enroulée autour. La corde est attachée aux extrémités mêmes: à l'un des bouts il en reste 136 cM. de flottants.

    Longueur de l'arc 153   cM.
       »   de la corde 142   »
Zambèze.

Figure 12; 1/6.

Arc de même type que les précédents. A chaque bout, avant le point d'attache de la corde, le bois est orné d'un nattage de fil de laiton type B, interrompu par deux anneaux du type C. Les extrémités de la corde ont encore quelques poils roux.

    Longueur de l'arc 159   cM.
       »   de la corde 135,5   »
       »   du nattage   28   »
Zambèze.

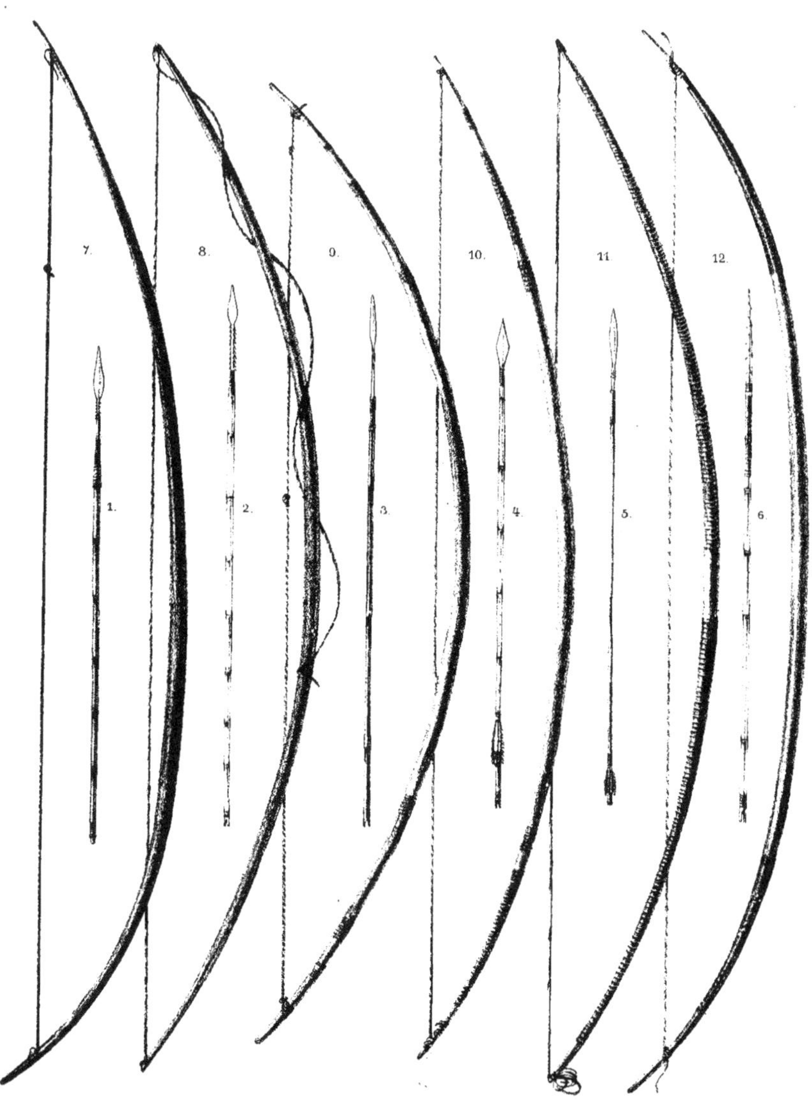

HENDRIK P. N. MÜLLER ET JOH. F. SNELLEMAN, L'industrie des Cafires dans le Sud-Est de l'Afrique.

PLANCHE IX.

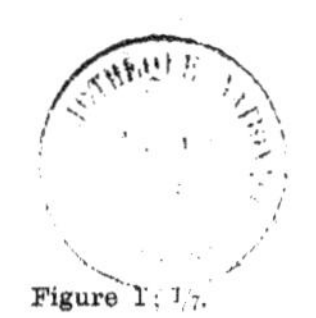

Figure 1 : 1/7.

Arme d'estoc, à lame de fer terminée en pointe aiguë, avec un léger
élargissement à la naissance de la pointe. La soie est carrée et retenue
dans un manche rond en bois, qui va en s'élargissant un peu, pour
se terminer en un bout arrondi. Sauf un étroit anneau du type B
à la partie supérieure, le manche est entièrement recouvert de fil
de laiton entrelacé selon le type A. La lame et le manche sont séparés par une garde de fer qui a la forme d'un fuseau.

  Longueur de la lame . . . . 48 cM.
  Largeur » » » au milieu. . . . 3,3 »
  Longueur du manche . . . . 14 »

Arme de guerre et couteau de chasse.
Zambèze.

Figure 2 : 1/7.

Arme d'estoc de même type que la précédente. Le carré visible
de la soie a sur une face des hachures par dessus lesquelles la lame
a fait une croix oblique : l'autre face n'a que la croix. Les deux extrémités de la garde en laiton sont recourbées, premièrement en
haut, puis en dehors.

  Longueur de la lame . . . . 45 cM.
  Largeur » » » au milieu. . . . 3 »
  Longueur du manche . . . . 14,5 »

Zambèze.

Figure 3 : 1/7. J. Z. R.

Arme d'estoc du même type que les précédentes. Le manche est
orné de deux anneaux de fil de laiton type B. La garde est formée
de deux petites plaques de laiton superposées, et les deux extrémités
en sont recourbées en haut.

  Longueur de la lame . . . . 38 cM.
  Largeur » » » . . . . 3 »
  Longueur du manche . . . . 13 »

Zambèze.

Figure 4 : 1/7.

Arme d'estoc du même type que les précédentes. La soie a des
hachures croisées. La garde est en laiton et les extrémités en sont
recourbées de façon à former deux crochets ouverts vers le haut.
Le manche a un étranglement vers le bas.

  Longueur de la lame . . . . 28 cM.
  Largeur » » » . . . . 2,5 »
  Longueur du manche . . . . 14 »

Zambèze.

Figure 5 : 1/7.

Arme d'estoc. La soie est ornée de quelques figures en lozange.
Les deux extrémités du manche sont recouvertes d'un nattage de
fil de laiton du type A, le reste a un nattage du type C.

  Longueur de la lame . . . . 38 cM.
  Largeur » » » . . . . 2,5 »
  Longueur du manche . . . . 16 »

Congouni, Zambèze.

Figure 6 : 1/7. J. Z. R.

Arme d'estoc du même type que la précédente. La soie est invisible.
La partie inférieure du manche est considérablement plus mince que le
reste et se termine par une boule. Le manche est couvert de nattage
en fil de laiton du type A, interrompu par trois anneaux du type B.

  Longueur de la lame . . . . 37,5 cM.
  Largeur » » » . . . . 1,5 »
  Longueur du manche . . . . 15 »

Zambèze.

Figure 7 : 1/7.

Arme d'estoc du même type que celle de la fig. 5. Au bout du
manche est fixée une ganse de fil de laiton tressé.

  Longueur de la lame . . . . 33,5 cM.
  Largeur » » » . . . . 2,4 »
  Longueur du manche, sans ganse . . . 15 »
  Diamètre de la ganse . . . . 1,9 »

Zambèze.

Figure 8 : 1/7.

Arme d'estoc du même type que celle de la fig. 5. On a limé de
façon à lui donner une forme circulaire la partie de la soie restée
visible. Le manche est recouvert d'un nattage de fil de laiton du
type A, à l'exception de l'extrémité intérieure, qui est sculptée et
représente une tête humaine dans le genre de celle de la figure 7
de la planche 1 ; le derrière de la tête n'est pas couvert : le nez a
onze incisions ; les yeux sont représentés par de petites plaques de
cuivre clouées sur le bois.

  Longueur de la lame . . . . 28,3 cM.
  Largeur » » » . . . . 2 »
  Longueur du manche . . . . 15,7 »

Zambèze.

Figure 9 : 1/7. J. Z. R.

Arme d'estoc du même type que celle de la fig. 5. Le manche est en bois
dur noirci et de forme cylindrique aplatie. Pour renforcer la partie
dans laquelle entre la soie, on y a adapté un étroit anneau de fil
de laiton après avoir enlevé un peu de bois.

  Longueur de la lame . . . . 41,5 cM.
  Largeur » » » . . . . 2,5 »
  Longueur du manche . . . . 26 »

Zambèze. Rare. On s'en sert pour dépecer le gros gibier.

Figure 10 ; 1/1. J. Z. R.

Poignard à manche d'ivoire et à fourreau d'ivoire par devant et
de bois par derrière. L'ivoire de la face antérieure, tant de la poignée
que du fourreau, est ciselée : les figures sont des lozanges et des triangles : les creux ont été noircis et les pleins sont devenus jaunâtres
et brillants par l'usage. L'ivoire de la partie postérieure de la poignée
de l'arme n'a d'autre ornement que le bourrelet qui fait le tour du
manche. La coupe des deux objets présente un ovale. Les deux moitiés du fourreau sont maintenues ensemble au moyen de fibres animales serrées autour vers chacun des deux bouts. Vers le haut on
a ciselé dans l'ivoire une embrasse faisant une saillie d'un centimètre
et demi, l'ouverture horizontale, où l'on peut passer une courroie
ou un cordon (Voy., Pl. XXVII, fig. 4, le poignard vu de profil).
Le fourreau se termine en bas par un pied saillant de forme pyramidale. La lame du poignard est à deux tranchants, en fer corrugé :
la soie traverse le manche et est rivée au bout de celui-ci.

  Longueur du fourreau . . . . 18 cM.
  » de la lame du poignard . . . 14,5 »
  » du manche » . . . 10,5 »
  Largeur maximum de la lame . . . . 3 »

Zambèze. Très rare. On connaît aussi, provenant des anciennes possessions danoises sur la Côte d'Or, des défenses d'éléphant garnies
d'argent et ornées, comme ce poignard, de figures en creu noircies.

Figure 11 : 1/1.

Poignard du même type que celui de la fig. 10, composé de la
même manière d'ivoire et de bois. Les deux moitiés du fourreau sont
maintenues vers le haut et vers le bas par des fibres végétales fines
entrelacées d'après le système du type A. La face antérieure du
fourreau et du manche est ornée de figures ciselées, dont les creux
sont remplis de poix. La face postérieure n'a d'autre ornement que

le rebord du pommeau qui est au sommet du manche, et quant au fourreau, que le double bourrelet qui fait le tour de l'extrémité intérieure.

```
Longueur du fourreau. . . . . 20,4 cM.
   »     de la lame . . . . . 17    »
   »     du manche . . . . .  8    »
Largeur de la lame . . . . . .  3    »
```
Zambèze. Très rare.

Figure 12: 1/1.

Poignard avec son fourreau du même type que ceux de la figure 10, aussi pour ce qui concerne la ligature des deux moitiés du fourreau. Les côtes transversales que l'on voit sur la face antérieure du fourreau se prolongent sur l'autre; les figures sont gravées en creu et l'on a appliqué du papier d'argent ou de l'étain en feuille dans les vides; les creux du manche du poignard ont été remplis avec de la poix. Le pied du fourreau fait saillie en avant, comme un bec.

```
Longueur du fourreau . . . . . 17   cM.
   »     de la lame . . . . . 15,5  »
   »     du manche . . . . .  5,2  »
Largeur maximum de la lame. .  2,3  »
```
Zambèze. Très rare.

Figure 13: 1/4.

Poignard avec son fourreau du type de ceux de la figure 10, sous la réserve que le manche du poignard et la moitié antérieure du fourreau, au lieu d'être en ivoire, sont faits d'un bois brun foncé; la moitié postérieure de la gaine est en bois blanc. La face antérieure est ciselée et incrustée d'étain en feuille. Les deux moitiés de la gaine sont maintenues, en haut par une ligature en fil de laiton entrelacé type B, en bas par une ligature en fibres végétales, type A. Le pied du fourreau est placé perpendiculairement à celui-ci.

```
Longueur du fourreau. . . . . 15   cM.
   »     de la lame . . . . . 14,5  »
   »     du manche . . . . .  9    »
Largeur maximum de la lame. .  2,8  »
```
Zambèze. Rare.

Figure 14: 1/3.

Poignard à manche et à gaine en bois: le bois du manche et de la moitié antérieure du fourreau a été coloré en noir; la moitié postérieure du fourreau est en bois blanc devenu foncé par l'usage. Le devant des deux objets est orné de lignes en zigzag, de croix et hachures sculptées. Le double grenetis que l'on voit sur le devant du manche se continue derrière, où se trouve aussi un petit carré avec diagonales, juste à l'opposé de celui qui est sur le devant. Les deux moitiés de la gaine sont maintenues ensemble par trois ligatures de fil de laiton, type B, l'une en haut, l'autre en bas, et la troisième au milieu. La coupe, tant de la gaine que du manche, est de forme ovale. La lame est en fer corrugé, à deux tranchants, se terminant en pointe aigüe, avec un léger élargissement à la naissance de la pointe; elle n'a pas été rendue brillante à la meule, mais on l'a fixée telle quelle au manche à sa sortie de la forge. Au haut du fourreau est une embrasse en saillie, taillée dans le bois, à ouverture horizontale, destinée au passage d'une courroie ou d'un cordon; à l'autre bout, il a un pied en saillie, de forme pyramidale, inclinant vers le bas.

```
Longueur du fourreau. . . . . 33   cM.
   »     de la lame . . . . . 29,5  »
   »     du manche . . . . . 14    »
Largeur de la lame . . . . . .  4    »
```
Zambèze.

Figure 15: 1/3.

Poignard de même type que le précédent. Le fil de laiton qui sert à maintenir les deux moitiés de la gaine se compose de deux brins tordus ensemble. La moitié antérieure est noire avec une ligne blanche de chaque côté, dans le sens de la longueur.

```
Longueur du fourreau. . . . . 23,5 cM.
   »     de la lame . . . . . 22   »
   »     du manche . . . . . 13,5  »
Largeur de la lame . . . . . .  3,8  »
```
Zambèze.

Figure 16; 1/3.

Poignard de même type que celui de la fig. 14. La gaine manque.

```
Longueur du fer. . . . . . . 23,5 cM.
Largeur  »   » . . . . . . .  3,5  »
Longueur du manche . . . . . 14,5  »
```
Zambèze.

Figure 17; 1/4.

Poignard de même type que celui de la fig. 14. Le fil de laiton qui sert à maintenir les deux moitiés de la gaine se compose de deux brins tordus ensemble. Sur le devant de la gaine il y a des traits blancs et noirs qui alternent.

```
Longueur du fourreau. . . . . 17,5 cM.
   »     du fer . . . . . . 16,5  »
Largeur  »   » . . . . . . .  3    »
Longueur du manche . . . . . 12,5  »
```
Zambèze.

Figure 18; 1/3.

Poignard de même type que celui de la fig. 14.

```
Longueur du fourreau. . . . . 13,5 cM.
   »     du fer . . . . . . 12    »
Largeur  »   » . . . . . . .  2,7  »
Longueur du manche . . . . . 10    »
```
Zambèze.

Figure 19: 1/3.

Poignard de même type que celui de la fig. 14.

```
Longueur du fourreau. . . . . 12,5 cM.
   »     du fer . . . . . . 11,5  »
Largeur  »   » . . . . . . .  2,5  »
Longueur du manche . . . . .  8,5  »
```
Zambèze.

Figure 20; 1/2.

Poignard de même type que celui de la fig. 14. Les deux moitiés de la gaine sont en bois noir. Là où la lame est assujettie au manche il y a autour de celui-ci deux petits anneaux de fil de laiton, type B.

```
Longueur du fourreau . . . . .  6,8 cM.
   »     du fer . . . . . . .  6    »
Largeur  »   » . . . . . . . .  1,5  »
Longueur du manche . . . . .  4,7  »
```
Zambèze.

Figure 21; 1/2. J. Z. R.

Poignard de très petit modèle, de même type que celui de la fig. 14.

```
Longueur du fourreau . . . . .  5,8 cM.
   »     du fer . . . . . . .  5,4  »
Largeur  »   » . . . . . . . .  1    »
Longueur du manche . . . . .  4,7  »
```
Zambèze.

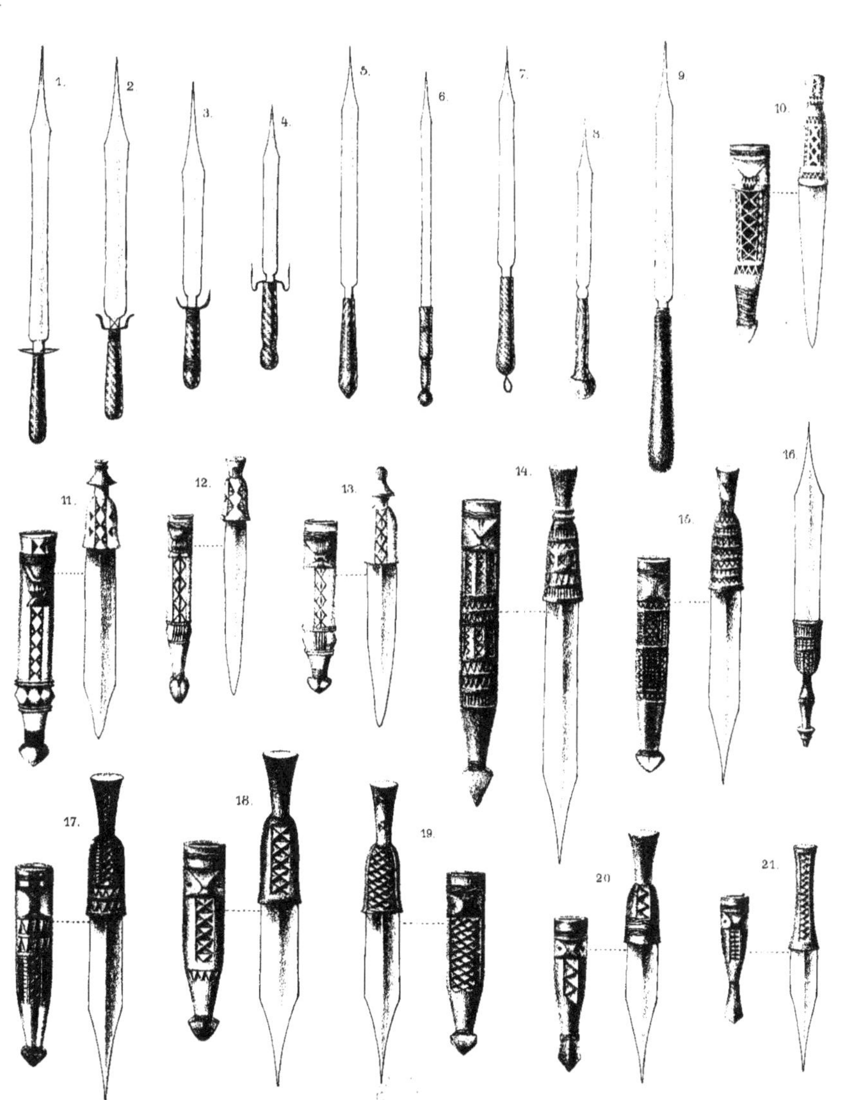

HENDRIK P. N. MULLER ET JOH. F. SNELLEMAN. L'industrie des Caffres dans le Sud Est de l'Afrique

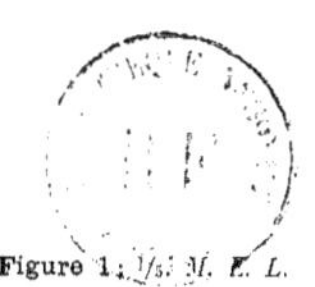

PLANCHE X.

Figure 1: 1/5. *M. E. L.*

Couteau avec gaîne en bois, sur le devant de laquelle un long morceau triangulaire a été enlevé; des deux côtés de la pointe du fourreau se trouve un appendice en forme d'aileron: au haut de la paroi postérieure est fixée longitudinalement une embrasse cylindrique dont l'ouverture est destinée à une courroie ou un cordon. La gaîne, l'embrasse et les ailerons sont d'une seule pièce. La lame est en forme de lancette: elle est assujettie à un manche à coupe ovale, surmonté d'un pommeau qui ressemble à un entonnoir, dont le tuyau se prolonge par devant par dessus le manche.

```
Longueur. . . . . . . . . . . . .  41,5 cM.
   »     de la lame. . . . . . .   27,5  »
   »     du manche. . . . . . .    12,5  »
Diamètre de la partie plate du pommeau.  4,2  »
Largeur du pied . . . . . . . . .  14,5  »
```
Zambèze.

Figure 2: 1/5. *M. E. L.*

Couteau à lame droite, assujettie à un manche analogue à celui de la figure 1. Le tuyau du pommeau en entonnoir n'est pas prolongé par dessus la partie plate du manche; les deux côtés de celui-ci sont entaillés peu profondément.

```
Longueur de la lame . . . . .  24,5 cM.
   »      du manche . . . . .   9,5  »
```
Zambèze?

Figure 3: 1/5. *M. E. L.*

Arme d'estoc à lame de fer, terminée en pointe aiguë, avec élargissement à la naissance de la pointe: manche en bois, figurant une cloche aplatie, avec un pommeau en entonnoir. Le pommeau et le manche sont ornés, l'un de trois, l'autre de cinq entailles carrées.

```
Longueur de la lame. . . . . .  37,5 cM.
   »      du manche. . . . . .   16   »
Largeur de la lame . . . .  de 2 à 2,5  »
```
Zambèze?

Figure 4: 1/5. *M. E. L.*

Arme d'estoc à lame de fer, terminée en pointe aiguë, avec élargissement à la naissance de la pointe; à coupe ovale, protégé, là où la tige de la lame y pénètre, par un étroit anneau de fil de laiton entrelacé d'après le type B: le bois a été un peu entaillé pour faire place à cet anneau.

```
Longueur de la lame . . . . .  38   cM.
Largeur   »  »  »  . . . . .   2,3  »
Longueur du manche . . . . .   23,5  »
```
Zambèze. Même usage que pour l'arme de pl. IX, fig. 9.

Figure 5: 1/3. *J. Z. B.*

Deux poignards à gaînes accouplées. De même que les fourreaux isolés, celui-ci est formé de deux moitiés, une antérieure, l'autre postérieure; elles sont maintenues ensemble par quatre ligatures de fil de laiton entrelacé selon le type A. Les deux gaînes ont un large pied commun, un peu incliné vers le bas: par dessus les deux passe une large embrasse. Les poignards sont de longueur et de forme inégales, et les manches diffèrent aussi d'ornementation. Les lames sont corrugées.

```
Longueur des gaînes . . . . .  16,5 cM.
Largeur    »   »  . . . . . .   8   »
Longueur du poignard de gauche.  22   »
   »   »    »      de droite .   23,5  »
Largeur des lames. . . . . .    3   »
```
Zambèze.

Figure 6: 1/4. *J. Z. B.*

Arme d'estoc à deux lames plantées parallèlement dans un manche en apparence bifurqué, en bois noir, orné d'un côté de figures sculptées, de l'autre côté de quelques lignes en zigzag. Les lames vont en s'élargissant jusqu'à la naissance de la pointe.

```
Longueur des lames . . . . .  24,5 cM.
Largeur maximum des lames . .   2   »
Longueur du manche . . . . .   13,5  »
```
Zambèze. Rare.

Figure 7: 1/2.

Couple de poignards très courts à double gaîne analogue à celle de la figure 5. La moitié postérieure du fourreau est en bois jaune.

```
Longueur du fourreau. . . . .   8  cM.
Largeur    »    »   . . . . .   4,5  »
Longueur du poignard de gauche.  11,5  »
   »   »    »      de droite . 12   »
Largeur des lames . . . . . .   1,5  »
```
Zambèze.

Figure 8: 1/6.

Epée avec fourreau en bois fait de deux moitiés appliquées l'une contre l'autre et entièrement enveloppé de fil de laiton entrelacé selon le type A, sauf une bande du type B à la partie supérieure; là se trouve un anneau de suspension en fil de métal. Le fourreau diminue d'épaisseur en approchant de l'extrémité inférieure, laquelle se renfle quelque peu. Coupe ovale. La lame de l'épée est partout de même largeur, jusqu'à ce qu'elle se termine en pointe aiguë. La poignée est cylindrique et nattée comme le fourreau: elle pénètre quelque peu dans celui-ci, dont la partie supérieure est évidée pour la recevoir.

```
Longueur du fourreau. . . . .   59,5 cM.
   »      de la lame . . . . .   56,5  »
Largeur    »  »   »  . . . . .   1,8  »
Longueur de la poignée . . . .  13,8  »
```
Zambèze. Fabriqué à l'usage d'un Métis.

Figure 9: 1/2.

Boîte ronde, tournée, en ivoire avec couvercle qui en embrasse le haut: le pourtour de la boîte est orné de cannelures parallèles, et le sommet du couvercle de cannelures concentriques. Le couvercle est fendu et a été raccommodé en deux endroits au moyen de boucles en fil de laiton: le rebord en est entouré d'un nattage de fil de laiton du type B.

```
Hauteur . . . . . . . . . . .   4,5 cM.
Diamètre. . . . . . . . . . .   4,8  »
```
Zambèze. Les femmes noires les portent dans leur ceinture en qualité de tabatière.

Figure 10: 1/2.

Boîte ronde, tournée, en ivoire avec couvercle qui en embrasse le haut. La boîte et le couvercle forment ensemble une boule. Trois cercles concentriques ornent le sommet du couvercle.

```
Hauteur . . . . . . . . . . .   3  cM.
Diamètre maximum . . . . . . .  4,6  »
```
Zambèze. Même usage que la précédente.

Figure 11: 1/2.

Boîte ronde, tournée, en bois dur noir, à pied, avec couvercle qui embrasse le haut de la boîte. La boîte et le couvercle, sans le pied, forment une boule et sont couverts à l'extérieur de cannelures circulaires.

```
Hauteur . . . . . . . . . . .   4,5 cM.
Diamètre maximum . . . . . . .  4   »
```
Zambèze. On y met des grains de verre, du tabac à priser, etc.

Figure 12: ½.

Tabatière ovale, tournée, en bois dur noir, à pied. La boîte et le couvercle sont ornés d'anneaux formés chacun de quatre cannelures parallèles et séparés par des côtes unies; au sommet du couvercle est un petit cône, la pointe en haut. Entre la boîte et le pied se trouve un bourrelet à bord aigu; le pied va en s'élargissant fortement et est orné de trois cannelures semblables à celles de la boîte.

Hauteur . . . . 9 cM.
Diamètre maximum. . . . . 5 »

Zambèze. On y met des grains de verre, du tabac à priser, etc.

Figure 13: ½.

Tabatière ronde, tournée, en bois dur noir: le sommet du couvercle est ondulé à l'intérieur d'un bourrelet qui en fait le tour; au centre le bois forme un rebord circulaire au milieu duquel est un creu.

Hauteur . . . . 2,5 cM.
Diamètre . . . . 4,5 »

Zambèze. Usage comme fig. 9.

Figure 14: ½.

Boîte ronde en cuivre jaune, avec couvercle qui en embrasse le haut. Les parois verticales de la boîte et de son couvercle sont décorées de rosettes, de lozanges arrangés comme sur les gaufres et de figures ressemblant à des feuilles, avec des lignes de points, frappés avec un poinçon dans le cuivre. Le sommet du couvercle a un fond rendu mat en le frappant avec un moule, et par dessus, en cuivre brillant, une étoile à six rayons formés d'arcs de cercle entourés de lignes de points. Au centre de l'étoile, quatre bourrelets de plus en plus petits forment un cône terminé par un bouton.

Hauteur . . . . 3,3 cM.
Diamètre . . . . 5 »

Zambèze. On y met du tabac à priser ou de la poudre. Les femmes y tiennent aussi des grains pour leurs ouvrages en verroterie.

Figure 15: ½.

Boîte du même genre que la précédente. La décoration consiste principalement en rangées de petits cercles concentriques alternant avec des rangées de lignes croisées et des rangées de points. Le couvercle est bombé et a un bouton au centre.

Hauteur . . . . 3,5 cM.
Diamètre. . . . . 8,8 »

Zambèze. Même usage que la précédente.

Figure 16: ⅙.

Baquet ovale en bois, avec quatre pieds et une poignée en forme d'anse, taillée dans la même pièce de bois, sous le baquet, vers le bout de l'axe longitudinal. La surface extérieure est noircie et marquée de chaque côté d'un segment de cercle tracé au moyen d'une entaille qui fait reparaître la couleur naturelle du bois.

Longueur . . . . 59,5 cM.
Largeur au milieu . . . . . . 27 »
Hauteur . . . . de 9,5 à 11,5 »
Épaisseur des parois au bord . . 0,7 »
Hauteur des pieds . . . . . . 1,8 »
Largeur de l'anse contre le baquet. 12,5 »

Lourenço-Marques. Ornementation noire et blanche des Zoulous. On s'en sert pour moudre le blé, garder le lait, porter les mets, etc.

Figure 17: ⅙. J. Z. R.

Double baquet en bois, formé de deux plats peu profonds réunis par une pièce plate, laquelle, de même que les rebords des plats, est ornée de figures ciselées, cercles, lignes en zigzag, carrés, etc. Le tout est fait d'une seule pièce.

Longueur . . . . 59 cM.
Hauteur . . . . de 4,5 à 6,5 »
Diamètre des plats. . . 24,5 et 26,5 »
Profondeur » » . . . 3,5 et 4,5 »
Largeur de la pièce plate . . . 9,5 »

Zambèze. Plat pour les mets. Ces baquets en bois sont assez rares sur les bords du Zambèze.

Figure 18: ⅙.

Baquet rond en bois tendre léger, creusé en cuvette, à rebord arrondi. Une pièce carrée fait saillie à la surface extérieure et est percée d'un trou pour laisser passer une ficelle.

Hauteur . . . . de 7,5 à 8 cM.
Diamètre du bord supérieur . . . 35 »
 »   du fond, en dehors . . . 22 »

Zambèze. Usage indiqué à la figure 16.

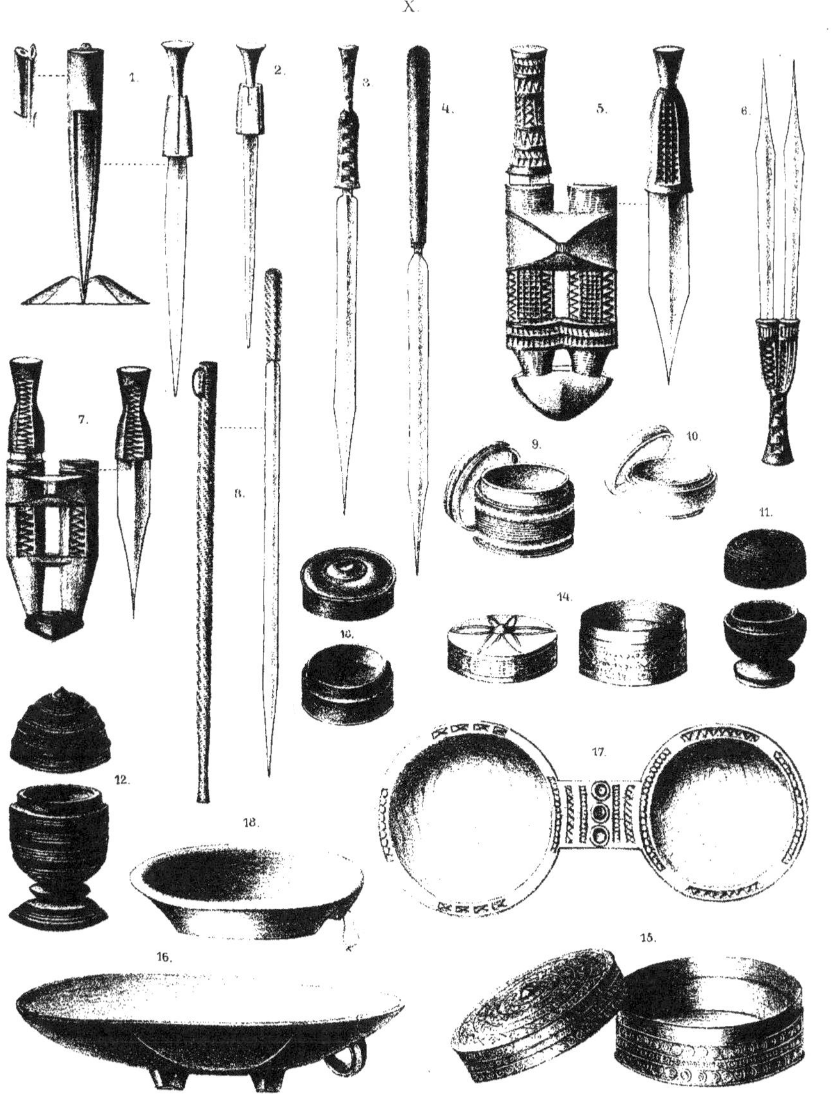

HENDRIK P. N. MULLER ET JOH. F. SNELLEMAN, L'industrie des Caffres dans le Sud-Est de l'Afrique.

PLANCHE XI.

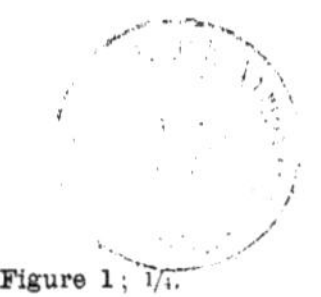

Figure 1; 1/4.

Hache de fer à manche de bois de même forme que celle de la planche 1, fig. 3. Le manche est entièrement recouvert d'une enveloppe faite de grains de verre enfilés de façon à former des bandes en zigzag, dont chacune fait le tour du manche, colorées diversement dans un ordre qui se répète neuf fois d'un bout à l'autre du manche. L'extrémité inférieure de celui-ci, l'extrémité du gros bout en forme de crosse et la tige du fer portent des houppes et des guirlandes de grains de verre.

Longueur du fer	19	cM.
Largeur maximum du fer	9,5	»
Longueur du col	10	»
Largeur » »	2	»
Longueur du manche	30	»
» de la crosse	14,5	»
Epaisseur » » »	5	»
Longueur des houppes du manche	13	»

Zambèze. Les haches ornées de grains de verre (*m'souko*) se portent dans les danses qui accompagnent la médication et dans d'autres cérémonies.

Figure 2: 1/4.

Hache du même genre que la précédente.

Longueur du fer	17	cM.
Largeur maximum du fer	9,5	»
Longueur du col	8,5	»
Largeur » »	2	»
Longueur du manche	35,5	»
» de la crosse	12	»
Epaisseur » » »	5,3	»
Longueur des houppes du manche	8	»

Zambèze. Arme ornementale. Les grains de verre de Bohême transparents, comme il s'en trouve un à la houppe du bas du manche, sont d'un usage peu fréquent.

Figure 3: 1/5. N. A. M.

Massue dont la tête représente un *scrotum* et le manche le *penis* l'accompagnant. La tête est enveloppée d'un nattage de fil de laiton du type A, jusque vers le bas, où le fil de fer prend la place de celui de laiton; le manche est aussi couvert de nattage: celui-ci formé de fil de laiton et de fil de fer alternant à intervalles égaux. L'extrémité inférieure est percée d'un trou où se trouve une boucle en cuir.

Longueur de la massue	65	cM.
» du manche	55	»
Circonférence de la tête dans le sens de la longueur	26,5	»
» » » » » » » » largeur	28	»

Inhambane. L'alternance du fil de laiton et du fil de fer, en même temps que l'espèce même de l'arme, rattache celle-ci positivement aux Zoulous.

Figure 4; 1/6.

Pipe à tabac faite d'une calebasse oblongue, où pénètre par en haut un roseau qui la traverse presque jusqu'au fond et qui est assujetti au col de la calebasse avec de la résine noire. La tête de pipe en terre cuite, de la forme d'une petite coupe, est plantée sur ce tube et y est reliée au moyen d'un cordon. Un peu au-dessus du milieu de la calebasse se trouve une ouverture carrée, par laquelle on aspire la fumée, dans un cadre ressemblant à un Q et formé de triangles taillés dans la calebasse et colorés en noir. Au dessous se voit l'image d'un crocodile et, si l'on retournait l'objet, on verrait en pendant de l'autre côté deux haches de guerre et deux fers d'assagaie ou de flèches.

Longueur de la calebasse	29	cM.
» de la partie visible du tuyau	20	»
» de la tête	5	»
Côté de l'ouverture pour aspirer	2,25	»
Epaisseur des parois	0,5	»

Pipe du Zambèze, comme le montrent les dessins de la calebasse. On remplit celle-ci d'eau jusque au dessous de l'ouverture carrée, on allume le tabac dans la tête de pipe, on porte à la bouche l'ouverture en embrassant les bords avec les lèvres, et on aspire. La fumée traverse le tuyau et l'eau avant de venir à la bouche. On fume aussi de cette manière du chanvre enivrant (*dagga*). Voy. Ratzel. »Die Naturvölker Afrikas" p. 215.

Figure 5; 1/6. J. Z. B.

Pipe à tabac du même genre que la précédente. La calebasse est un peu courbe. La tête de pipe est reliée au tuyau par un cordon portant en trois endroits une bande de plomb enroulée autour en spirale. Une fente dans la calebasse au-dessus du trou d'aspiration a été réparée avec du fil de laiton.

Longueur de la calebasse	33	cM.
» du tuyau (partie visible)	12	»
» de la tête	6	»
» des côtés du trou d'aspiration	2,5 et 4	»

Zambèze. Même usage que la précédente.

Figure 6; 1/6.

Pipe du même genre que les précédentes. La calebasse est remplacée par une corne de bœuf dans laquelle on a fait pénétrer le tuyau aussi profond que possible. La tête de pipe, très grosse, faite de bois brun, a la forme d'un obusier ancien modèle et est ornée de ciselures. Au milieu de la longueur de la tête un tampon cylindrique fait saillie d'un côté, et vis-à-vis une sorte d'anse. La tête est évidée coniquement en sens inverse à partir du haut et du bas.

Longueur de la corne	65	cM.
» du tuyau (partie visible)	21,5	»
» de la tête	21	»
Diamètre supérieur de la tête	8,5	»
» inférieur » »	7,5	»
» de l'ouverture supérieure	4	»
Profondeur » »	10	»
Diamètre » » inférieure	2	»

Même usage que les précédentes. On l'emporte aussi en voyage, et alors on la suspend à une corde passée dans l'anse de la tête. Contrée entre Senna et Tete, Zambèze.

Figure 7: 1/6.

Tête de pipe semblable à la celle de la fig. 6. Le trou destiné au tabac est presque entièrement revêtu de tôle mince rabattue par dessus le bord supérieur, et maintenue au moyen de petits clous de cuivre et de fer.

Longueur	19	cM.
Diamètre supérieur	7,5	»
» inférieur	7	»

Diamètre de l'ouverture supérieure 4 cM.
Profondeur " " 5 "
Diamètre " inférieure 2 "
Zambèze.

Figure 8 : 1/6.

Tête de pipe ciselée en bois jaune, devenu brun par l'usage, en forme de coupe: le trou destiné au tabac est conique.
Longueur . . . . 8,5 cM.
Diamètre de l'ouverture supérieure. 3 "
Profondeur " " 4,5 "
Diamètre " inférieure . 1,8 "
Zambèze.

Figure 9 : 1/6.

Tête de pipe tournée en bois brun: évidée en forme de coupe; le pourtour orné de cannelures parallèles. Autour du pied est attaché un cordon retenant deux pattes d'oiseau desséchées.
Longueur . . . . 7,5 cM.
Diamètre de l'ouverture supérieure. 4 »
Profondeur " " 3,5 »
Diamètre " inférieure 1,5 »
Zambèze.

Figure 10 : 1/6.

Tête de pipe en forme de creuset, en terre cuite couleur de saumon, grossièrement faite et écaillée: évidée en forme de cuvette: à mi-hauteur une entaille circulaire empêche le cordon de glisser.
Longueur . . . . 5,5 cM.
Diamètre de l'ouverture supérieure. 2,5 "
Profondeur " " 2 "
Diamètre " inférieure . 1,5 "
Zambèze.

Figure 11 : 1/6.

Pipe à tuyau de roseau, orné à intervalles égaux de neuf doubles anneaux de rotin tressé: en guise de bout pour mettre dans la bouche, un morceau de roseau mince a été inséré à l'extrémité du tuyau. La tête, en terre cuite noir-brun, est ornée de hachures en creux. L'ouverture conique destinée au tabac est très large par en haut, puis diminue rapidement.
Longueur. . . . . 68 cM.
Hauteur de la tête . . . . 8 "
Zambèze, au-dessus de Senna. Pipe d'un chef noir.

Figure 12 : 1/4.

Pipe du même genre que la précédente. Le tuyau est formé de deux roseaux d'épaisseurs différentes glissés l'un dans l'autre: le roseau le plus mince, dont l'extrémité est destinée à la bouche, est un peu recourbé. La tête imite une tête humaine: sous le col de celle-ci il y a une petite saillie cylindrique percée d'un trou.
Longueur. . . . . 22 cM
Hauteur de la tête . . . . 5 "
Senna. Les noirs ne font pas usage de cette sorte de pipes.

Figure 13 : 1/4.

Pipe du même genre que celle de la fig. 12: le tuyau est fait d'un seul roseau: la tête en forme de coupe avec col cylindrique, replié à angle droit.
Longueur. . . . . 17,5 cM.
Hauteur de la tête. . . . . . . 4 "
Conceição, Zambèze.

Figure 14; 1/2. J. Z. R.

Deux tabatières en bois en forme de poire, à côtes longitudinales aiguës, la coupe faisant étoile: elles ont un col conique tourné vers le bas, avec une ouverture fermée au moyen d'un bouchon en bois (qui manque sur la figure). Chacune des deux petites boîtes pend à un épais paquet de chapelets de grains de verre incolores, noirs et rouges. Les deux paquets se réunissent par en haut en un seul plus gros, fait de grains jaunes, incolores et noirs, terminé par un cordon faisant boucle.
Longueur des tabatières . . . . . 5,6 cM.

Longueur du faisceau de perles. . 13 cM.
" de la boucle. . . . . 1,6 "
Contrée entre le Zambèze et le Shire, à la hauteur de Tete. On se suspend cet objet sur la poitrine au moyen d'une chaînette passée au cou.

Figure 15: 1/2.

Tabatière de roseau, couverte de perles de verre qui forment des carrés noirs et rouges, fermée aux deux bouts par des morceaux d'écorce de calebasse attachés à des cordonnets de grains. La tabatière est suspendue à une bretelle formée de huit colliers faits alternativement de perles incolores et de perles rouges. Chaque collier est formé de deux brins tordus comme un cordon et est replié en deux: les extrémités attachées ensemble là où commence un nouveau collier et une nouvelle couleur.
Longueur de la tabatière . . . . 10 cM.
Diamètre » » » 2 "
Longueur totale de la bretelle . . 70 "
Conceiçao, Zambèze. Tabatière des Zoulous.

Figure 16; 1/2. J. Z. R.

Tabatières de même genre que celles de la figure 14. Il y en a quatre, faites de fruits vidés, chacune suspendue à un paquet de chapelets de grains incolores, noirs et jaunes; les quatre paquets se réunissent en un plus gros, de perles incolores, noires et rouges. Chaque tabatière a un bouchon de bois conique.
Longueur des tabatières, environ. . 4 cM.
» du paquet de chapelets . 13 »
» de la boucle . . . . . 2 »
Zambèze.

Figure 17; 1/2 J. Z. R.

Trois tabatières faites de petites calebasses et recouvertes d'un nattage de fil de laiton type A; elles sont fermées de bouchons en bois taillés en boutons: elles pendent à une bretelle formée de quatre paires de colliers de grains de couleur, tous attachés ensemble à quatre centimètres et demi des tabatières.
Longueur des tabatières. . . . . 4 cM.
» de la bretelle pliée en deux 20 »
Portées et employées par les femmes. Le collier de grains est du type le plus ordinaire du Zambèze.

Figure 18: 1/4. M. E. L.

Calebasse entourée d'un nattage de fil de laiton et de fil de fer du type A, fermée d'un bouchon conique; elle sert à mettre le tabac à priser.
Hauteur du pot avec le bouchon . 19 cM.
Longueur du bouchon. . . . . 3,5 »
Diamètre de l'ouverture . . . . 0,8 »
Matabilis. Voy. par rapport au nattage la note relative à la fig. 3.

Figure 19; 1/2. M. E. L.

Calebasse pour tabac à priser, entourée d'un nattage de fil de laiton du type A, fermée avec un bouchon en bois.
Longueur avec le bouchon . . . . 4 cM.
Matabilis. Se porte dans la ceinture.

Figure 20; 1/2. N. A. M.

Dix petites tabatières faites de calebasses ressemblant à de grosses fèves, fermées avec des bouchons en roseau ou en bois, chacune suspendue à un double cordonnet de grains de verre bleu tendre; ces cordons se détachent d'un gland fait de cordons de perles de différentes couleurs, qui dessinent tout autour du gland des bandes colorées chacune uniformément: elles se succèdent du haut en bas comme suit: rouge, blanc, noir, blanc, rouge, jaune, rouge, jaune, rouge, blanc, noir, blanc, rouge, jaune, rouge foncé, rouge, jaune, rouge, blanc, noir, blanc, rouge, jaune, rouge. Au-dessus du paquet est une boucle, à laquelle sont enfilées trois grosses perles, une bleue entre deux rouges.
Longueur des calebasses. . . . . 4 cM.
» des cordonnets . . . . 2 »
» du gland . . . . . . 4,5 »
Épaisseur " » . . . . . . 2 »
Longueur de la boucle . . . . . 7,5 »
Inhambane.

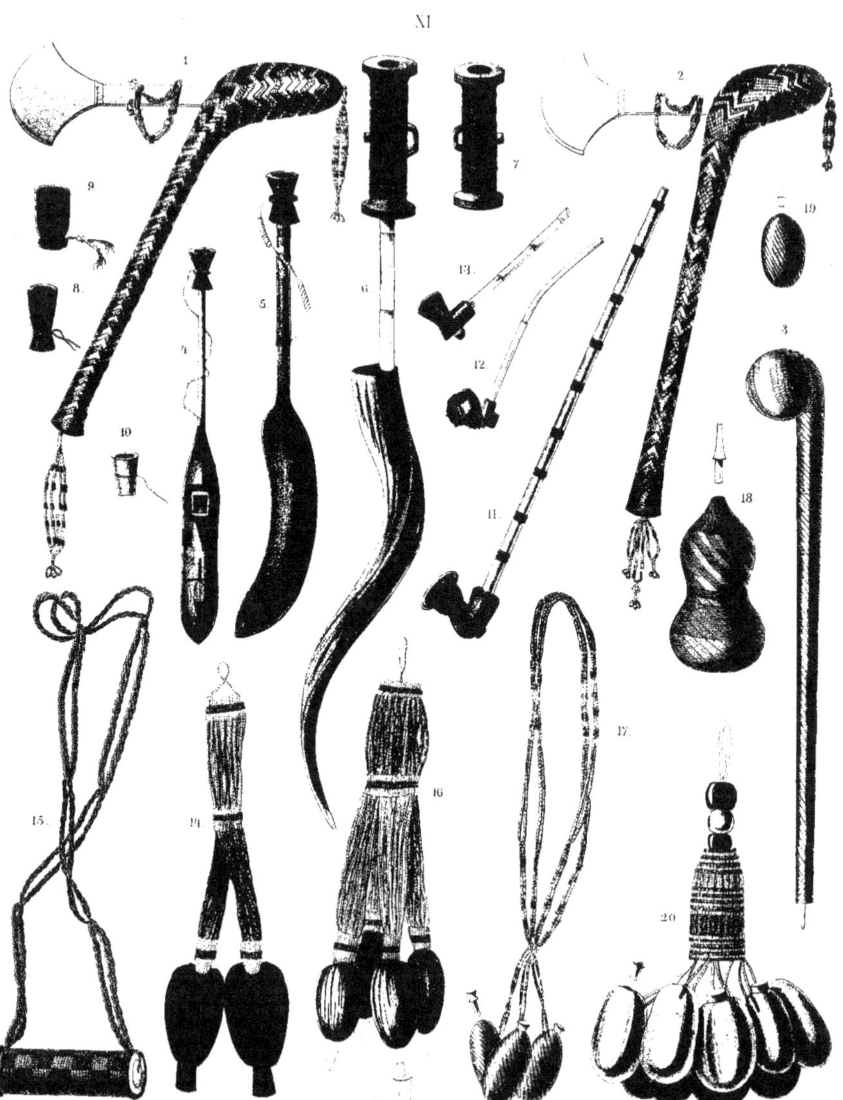

HENDRIK P. N. MULLER ET JOH. F. SNELLEMAN, Industrie des Caffres dans le Sud Est de l'Afrique.

PLANCHE XII.

Figure 1; ¹/₃. N. A. M.

Tabatière, fermée en haut avec un petit bouchon, faite d'une calebasse ovale, ornée de lignes ciselées formant des triangles et des lozanges, ou se coupant à angle droit, suspendue à une double bretelle faite de deux fils tressés où sont enfilés des grains de verre rouges. Chaque bretelle est divisée en deux parties égales par un gros grain de verre imitant la grenade, renfermé entre deux grains blanc de lait à raies circulaires orange et jaunes; en outre, entre cet ornement et la calebasse, chaque moitié de bretelle est encore divisée en deux par un grain d'ambre en verre entre deux grains blanc de lait comme ceux ci-dessus.

Longueur de la calebasse.	11 cM.
Circonférence de la calebasse	17,5 »
Longueur des bretelles	39 »
Largeur » »	0,5 »

Inhambane.

Figure 2; ¹/₂. J. Z. R.

Tabatière en corne du même genre que celle de la planche XI. fig. 14: dix côtes: bouchon en roseau: en haut un cordon faisant boucle.

Longueur de la tabatière avec le bouchon	15 cM.
» du bouchon à part	8 »
» de la boucle	14 »

Zambèze.

Figure 3; ¹/₄.

Tabatière faite d'une calebasse à forme de bouteille: bouchon de roseau; la partie supérieure du col entourée d'un nattage de fil de laiton du type A.

Longueur avec le bouchon	16 cM.
» du nattage.	2 »

Miçongoa, Zambèze.

Figure 4; ¹/₄.

Tabatière faite d'une calebasse ronde aplatie: la surface de la moitié inférieure est ornée de carrés formés par des lignes en creu, et de triangles avec hâchures: bouchon en roseau.

Hauteur	5,5 cM.
Diamètre	6 »

Zambèze.

Figure 5; ¹/₃.

Longue tabatière cylindrique en roseau, avec bouchon (manquant sur notre dessin): le fond est formé d'un nœud du roseau. Chaque extrémité est taillée en cône renversé. L'ornementation du fût le divise en sept anneaux alternant, les uns formés de ciselures en cercles parallèles ressemblant à des arrêtes de poisson, les autres figurant des damiers de lozanges alternativement blancs et hâchés. Les anneaux sont séparés chaque fois par un bourrelet sculpté.

Longueur	31,5 cM.
Diamètre	2,5 »

Zambèze. On la porte dans la ceinture.

Figure 6; ¹/₂. N. A. M.

Longue tabatière cylindrique en roseau, avec bouchon et fond, les deux extrémités taillées en cônes renversés; tout le fût est couvert de ciselures distribuées en trois larges bandes encadrées dans

deux anneaux plus étroits, les divisions marquées par des bourrelets. Un des motifs principaux consiste en lozanges alternativement vides et hâchés.

Longueur du cylindre	32 cM.
Diamètre » »	3,2 »
Longueur du bouchon.	2,4 »
Diamètre » »	2 »

Inhambane. Cet objet a malheureusement disparu du musée d'Amsterdam, de sorte que nous n'en pouvons donner qu'une description générale.

Figure 7; ¹/₂. N. A. M.

Longue tabatière cylindrique en roseau, avec bouchon (celui-ci manque sur le dessin) et fond, les deux extrémités taillées de façon à faire deux anneaux coniques qui se suivent immédiatement: l'arrête de ces anneaux est noircie au feu. L'ornementation consiste en ciselures réparties dans des anneaux alternativement larges et étroits. Il y a neuf larges anneaux: les trois d'en haut et les trois d'en bas sont remplis de lignes sinueuses anguleuses (inexactement représentées sur le dessin): des trois autres, les deux extrémes ont des lozanges, et celle du milieu de nouveau des lignes anguleuses. Les anneaux étroits ont sur les bords de petites figures triangulaires, et entre deux une rangée de petits lozanges. Trois font exception: le second d'en bas et le troisième et le quatrième d'en haut, qui ont simplement deux lignes circulaires parallèles. Les anneaux larges se terminent coniquement vers ceux qui sont étroits: l'arrête où commence la partie conique est noircie au feu.

Longueur	37 cM.
Diamètre	3,7 »

Inhambane.

Figure 8; ¹/₂. J. Z. R.

Petite tabatière cylindrique en roseau, ornée de triangles alternativement vides et hâchés: le fond et le bouchon sont faits d'écorce de calebasse.

Longueur	9 cM.
Diamètre.	1,8 »

Zambèze. Cette tabatière, ainsi que celles des figures 9, 10 et 11, se porte souvent dans le trou pratiqué dans le lobe de l'oreille ou bien dans la ceinture.

Figure 9; ¹/₂. J. Z. R.

Tabatière du même genre que la précédente. L'ornementation consiste en hâchures disposées en triangles et en lozanges, et rangées par anneaux. Le fond est formé d'un nœud du roseau. Le bouchon se termine par un cône, dont la partie supérieure est formée d'anneaux qui vont en diminuant.

Longueur du cylindre	11 cM.
Diamètre » »	1,2 »
Longueur du bouchon.	2,3 »

Zambèze.

Figure 10; ³/₄. N. A. M.

Tabatière en roseau jaune, uni, fermé au moyen d'un disque en calebasse attaché à un fil. Huit anneaux formés de deux lignes circulaires chacun, et remplis de traits perpendiculaires, se succèdent le long du fût.

Longueur	6,2 cM.
Diamètre	1 »

Inhambane.

Figure 11: ½. N. A. M.

Tabatière semblable à la précédente, seulement plus petite et ornée
de sept anneaux.

                Longueur. . . . . 6,2 cM.
                Diamètre . . . . 0,7 »
Inhambane.

Figure 12; ¼.

Alcarraza en terre cuite rouge, à ouverture étroite: le col noir
par dedans. Une bande noire fait le tour du ventre et une autre
celui du col. Un filet de joncs tordus protège extérieurement le pot.

                Hauteur du pot . . . . 25 cM.
                Diamètre » » 25   »
                    »   de l'ouverture . . . . 6,5 »
Zambèze. On l'emploie en voyage. Il sert à garder la bière et à
faire rafraîchir l'eau.

Figure 13: ½. M. E. L.

Pot en terre cuite rouge, orné de deux bandes circulaires de points
en creu, réunies par une bande en zigzag faite de même; cela forme
des triangles, dont ceux qui ont la base en bas sont de couleur un
peu plus claire que les autres.

                Hauteur du pot . . . . 22 cM.
                Circonférence maximum . . . . . 88 »
                Diamètre de l'ouverture . . . . . 15 »
Transvaal.

Figure 14: ¼. J. Z. R.

Bouteille faite d'une calebasse, avec deux bouchons, l'un en liège,
l'autre en joncs roulés. Un cordon en fibres végétales embrasse le
col, puis forme une boucle à laquelle les bouchons sont attachés
par des ficelles.

                Hauteur sans bouchon . . . . . 24 cM.
                Diamètre . . . . 18 »
                Circonférence maximum . . . . . 54 »
Inhambane. On y garde la bière; on l'emporte aussi en voyage.

Figure 15; ¼.

Puisoir (*Katta*) en noix de coco dont on a coupé horizontalement
la partie supérieure: orné de deux bandes de lignes parallèles en
creu, et, entre les bandes, de lignes sinueuses interrompues par une
étoile. Le manche en bois, cylindrique, traverse les deux parois
opposées de la noix et est coupé à ras là où il en ressort; l'autre extrémité a une poignée ciselée.

                Longueur. . . . . 50 cM.
Zambèze. Sert à puiser l'eau et à boire.

Figure 16; ¼.

Puisoir semblable au précédent; la bordure de lignes ciselées est
un peu plus large. La poignée est taillée en pans, pour se terminer
par une pyramide à six faces.

                Longueur du puisoir . . . . . . 50 cM.
                    »   de la partie visible du manche 44   »
                Diamètre de la noix . . . . . . 11 »
                    »   de l'ouverture de la noix . 7,5 »
Gaza.

Figure 17; ¼.

Puisoir fait d'une calebasse en forme de massue, de la tête de
laquelle on a retranché un segment de façon à en faire une jatte.

                Longueur . . . . 50 cM.
                Diamètre de l'ouverture . . de 6 à 6,5 »
                Poids . . . . 80 grammes.
Jatte ordinaire dont les noirs se servent pour boire chez eux et en
voyage. En usage dans toute la colonie de Mozambique.

Figure 18; ¼.

Puisoir en calebasse semblable au précédent, entièrement couvert
de grains de verre de couleur enfilés formant des dessins. Près de
la moitié de la partie bombée est couverte d'une étoile; tout le
reste est occupé par une série d'anneaux formés de lignes en zigzag.
A l'extrémité du manche pend un gland de grains de verre.

                Longueur . . . . 26 cM.
                Diamètre de l'ouverture . . . . 3,2 »
Zambèze. Objet de luxe, sans emploi utile.

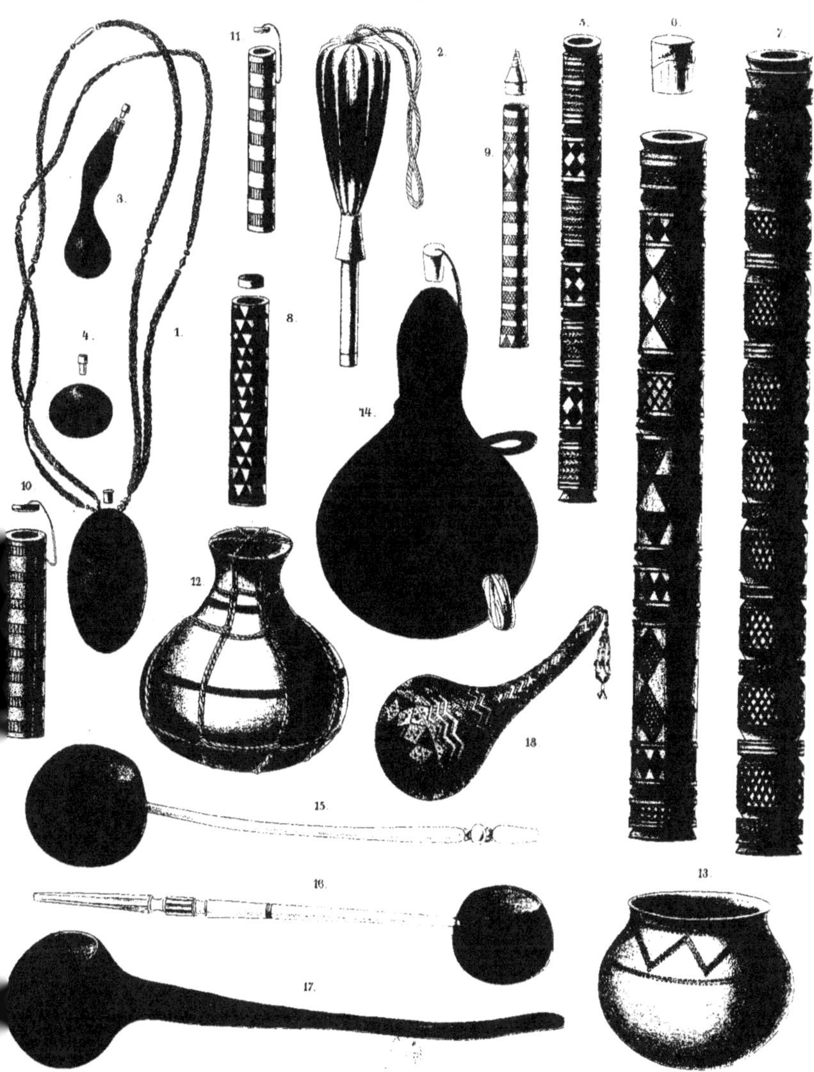

HENDRIK P. N. MULLER ET JOH. F. SNELLEMAN, L'industrie des Cafres dans le Sud-Est de l'Afrique.

PLANCHE XIII.

Figure 1: ¹/₆.

Corbeille en forme d'urne, avec couvercle s'emboitant sur le haut de la corbeille, faite de paquets cylindriques de fibres végétales enveloppés de joncs et cousus ensemble avec du fil de coton. Sur le couvercle se dessinent trois bandes noires, larges de quatre cM., dirigées du centre à la circonférence, formées de joncs colorés en noir que l'on a introduits en tressant. La corbeille et son couvercle sont munis chacun de deux anses noires et blanches, qui se correspondent de la corbeille au couvercle, faisant deux paires, chacune réunie par des anneaux semblables aux anses, ce qui forme deux charnières; de l'autre côté se trouve une troisième anse, tant au couvercle qu'à la corbeille, formant encore une paire que l'on peut attacher comme on veut pour fermer le récipient.

    Hauteur de la corbeille avec couvercle . .   28   cM.
    Circonférence maximum.   120   »
    Diamètre de l'ouverture   23,5   »
       »   du couvercle   34   »
Baie de Delagoa: corbeille employée par les noirs; façon des Zoulous.

Figure 2: ¹/₃.

Corbeille ronde, peu profonde, en roseaux refendus et tressés, avec un rebord vertical, aussi en roseaux, rattaché de place en place à la corbeille par des ligatures en jonc.

    Diamètre . . . . 48 cM.
Usages très variés, par exemple pour écosser les arachides et pour garder la farine.

Figure 3: ¹/₆.

Corbeillon en fibres tressées, brun avec cinq bandes rouges.

    Diamètre . . . . 25 cM.
    Hauteur . . . . 15 »
Zambèze. Imperméable: sert pour l'eau, le lait, etc.

Figure 4: ¹/₃.

Boite oblongue en roseaux refendus et tressés, avec un haut rebord vertical fait d'une seule feuille de bois, entaillée jusqu'à la moitié pour pouvoir la replier et former les coins; les deux bouts se rejoignent sur l'un des petits côtés de la boite et se recouvrent sur une longueur de douze cM.: ils sont attachés l'un à l'autre par des ligatures en jonc, de même que le rebord tout entier est fixé ainsi sur la boite. Les quatre faces de ce rebord sont ornées de lozanges blancs et noirs, alternant avec des lignes en zigzag formées de hachures, sur un fond aussi formé de hachures, le tout entaillant assez profondément le bois. On a évidemment commencé par noircir toute la surface de celui-ci, puis on a ciselé les figures, ce qui a fait apparaître de nouveau la couleur naturelle du bois. Le couvercle, qui est bombé, est en roseaux refendus et tressés et est muni d'un cadre en bois, attaché avec des joncs, qui s'emboite sur le rebord du coffre.

    Longueur du coffre avec le couvercle . 77   cM.
    Largeur   »   »   »   »   »   . 45   »
    Hauteur   »   »   »   »   »   . 20   »
       »   du rebord en bois   9,5   »
    Epaisseur »   »   »   »   .   0,5   »
Zambèze. Sert aux femmes pour serrer leurs vêtements; assez rare; signe de bien-être.

Figure 5: ¹/₃.

Coupe à grande anse, faite d'un seul morceau d'un bois brun, tendre. On a rendu noirs le bord supérieur, les trois faces extérieures de la poignée verticale de l'anse, et le pied, sauf les deux surfaces circulaires de la planchette.

    Hauteur 11   cM.
    Diamètre au haut 7   »
    Epaisseur des parois . .   de 0,2 à 0,3 »
Pays d'Inhambane. Rare: les noirs boivent d'ordinaire dans un puisoir (Voy. Planche XII, fig. 15, 16 et 17).

Figure 6: ¹/₂.

Pot à tabac à priser, tourné, en bois dur, noir, à couvercle s'emboitant dans le haut du pot, orné de cercles concentriques au pied, au pot et au couvercle, et d'un bouton au sommet de ce dernier.

    Hauteur . . . . 11,5 cM.
    Diamètre de l'ouverture   6   »
    Hauteur de la partie du couvercle qui entre dans le pot. 0,5 »
Zambèze. Employé aussi par les blancs.

Figure 7: ¹/₂.

Pot du même genre que le précédent.

    Hauteur . . . . 15,5 cM.
    Diamètre de l'ouverture . . . . . .   7,5 »
    Partie du couvercle entrant dans le pot . 0,7 »
    Epaisseur de la paroi à mi-hauteur . .   0,4 »
Zambèze.

Figure 8: ¹/₄.

Cuiller en bois blanc, à manche rond et spatule légèrement évidée, à bord noirci, de même que les deux bouts du manche: le commencement de ce dernier est taillé en queue d'hirondelle et a conservé sur les côtés la couleur naturelle du bois.

    Longueur . . . . 40,5 cM.
    Largeur de la spatule   8,4   »
Lourenço-Marques. Sert à puiser le riz. Ornementation caractéristique des Zoulous.

Figures 9, 9ᵃ et 9ᵇ: ¹/₄.

Frottoir pour la peau, employé au bain par les noirs. L'instrument a un large manche, figurant deux triangles à base commune, sculpté à jour de façon à ce que la moitié de l'un des triangles ne soit plus formée que de trois barreaux longitudinaux: ceux-ci sont ornés par devant et par derrière de triangles, de lozanges et de traits sculptés: par derrière, cette ornementation couvre le manche tout entier. Le frottoir lui-même est formé par la surface plane d'un segment de sphère à l'extrémité du manche: cette surface est charbonnée: l'autre surface, convexe, est aplanie au pôle et l'on n'a pas réussi à bien arrondir le reste, de sorte qu'il est resté des pans, dont les arrêtes vont du centre aplani à la périphérie. L'autre extrémité du manche est creusée en forme de cuiller avec un bord plat. Une boucle de fil de coton est passée autour du barreau central.

    Longueur 44   cM.
    Largeur maximum du manche . .   7,6   »
       »   du frottoir . . . .   10,4 »
Zambèze.

Figure 10: ¹/₆.

Cuiller en bois blanc, à long manche ovale, se terminant en cône orné aux deux bouts, mais seulement sur la face antérieure, de lignes en zigzag sculptées.

    Longueur 50   cM.
    Largeur de la cuiller   6,8   »
    Profondeur de la cuiller . . . . 1,75 »
Zambèze. Sert à remuer la bière pendant sa fabrication, et le blé des cafres quand on le fait cuire dans un grand pot de terre.

HENDRIK P. N. MULLER ET JOH. F. SNELLEMAN, L'industrie des Cafres dans le Sud-Est de l'Afrique.

PLANCHE XIV.

Figure 1; ¼ J. Z. B.

Tabouret pour mettre sous la nuque, porté par un quadrupède, dont le corps est orné de cannelures, et dont les yeux sont représentés par deux perles de verre blanc de lait. *)

Hauteur	14	cM.
Longueur de la planchette	20	»
Largeur » » »	8	»

Zambèze. Rare à cause de la forme d'animal.

Figure 2; ¼.

Tabouret pour la nuque, à planchette évidée, ornée à sa surface et sur les côtés de triangles enlevés dans le bois. Le pied est formé de deux pièces en X, séparées par une barre cylindrique, et ornées de profondes cannelures longitudinales, interrompues par un médaillon au centre de l'X. Le tout est porté sur un plateau à bords en biseau, de la forme d'un 8 couché.

Hauteur	16	cM.
Longueur de la planchette	21,5	»
Largeur » » »	de 6 à 7,5	»
Epaisseur de la pièce centrale	1,5	»

Les figures 2 à 5 représentent les formes les plus fréquentes sur le Zambèze; les ornements sont sculptés et ne sont par cherchés dans des contrastes de couleurs: ces tabourets se trouvent dans toutes les habitations, et on les emporte en voyage, suspendus par un cordon à la ceinture.

Figure 3; ¼.

Tabouret pour la nuque, du même genre que le précédent. La planchette, qui est ornée de morceaux de fil de laiton incrustés, s'adapte exactement à la pièce centrale. Les deux pieds en X ont chacun deux médaillons, réunis d'un pied à l'autre par des barres transversales.

Hauteur	13,5	cM.
Longueur de la planchette	18,5	»
Largeur » » »	6,5	»
Epaisseur de la pièce centrale	1,3	»

Zambèze.

Figure 4; ¼.

Tabouret du même genre que celui de la fig. 2. La planchette est décorée de petits triangles, seulement sur les deux côtés étroits, et est plus élevée à un bout qu'à l'autre: elle repose sur un pied formant trois X.

Hauteur	14	cM.
Longueur de la planchette	16,3	»
Largeur » » »	4,7	»
Epaisseur de la pièce centrale	1	»

Zambèze.

Figure 5; ¼.

Tabouret du même genre que celui de la fig. 2. Il reste sur la planchette des traces d'ornements faits avec de petits clous en laiton.

Hauteur	12,5	cM.
Longueur de la planchette	16,7	»
Largeur » » »	5,5	»
Epaisseur de la pièce centrale	0,8	»

Zambèze.

*) A l'exception de celui de la fig. 3, tous ces tabourets pour la nuque sont faits d'une seule pièce.

Figure 6; ¼. J. Z. B.

Tabouret pour la nuque, à planchette concave, reposant sur deux pieds séparés par une croix et portés sur un piédestal rond par dessous, dont un morceau a été brisé derrière.

Hauteur	10	cM.
Longueur de la planchette	11	»
Largeur » » »	6	»

Zambèze. Forme anormale.

Figure 7; ¼. J. Z. B.

Tabouret pour la nuque à planchette concave, de forme ovale, ornée d'une bordure de lignes en zigzag et, au centre, d'un carré des deux côtés duquel se trouvent deux triangles se touchant par le sommet; deux pieds coniques, inclinés du dehors en dedans.

Hauteur	12	cM.
Longueur de la planchette	27	»
Largeur » » » au milieu	5,5	»

Originaire de Senna, quoique fort extraordinaire pour cette contrée.

Figures 8 et 8^a; ¼.

Tabouret pour la nuque en bois blanc; à planchette concave; celle-ci est recourbée à angle droit aux deux bouts, retombant en deux trapèzes ornés d'arcs de cercle ciselés et noircis au feu; l'arrête de la planchette, là où commencent les trapèzes, est taillée en biseau et noircie au feu, de même que le dessous et les côtés des trapèzes. Le meuble a trois pieds ressemblant à des pilons, dont les bases, qui sont planes, se réunissent en forme de trèfle avec un bord en biseau, noirci au feu.

Hauteur	12	cM.
Longueur de la planchette	13	»
Largeur » » »	6	»

Gaza.

Figure 9; ¼.

Tabouret pour la nuque, concave, reposant sur une planche échancrée de droite et de gauche, traversant, là où elle est le plus étroite, un cylindre, et se terminant en un pied éliptique échancré aux deux extrémités du grand axe.

Hauteur	15,5	cM.
Longueur de la planchette	12,3	»
Largeur » » »	5	»

Zambèze. Forme très différente de celles généralement en usage.

Figures 10 et 10^a; ¼.

Tabouret de même genre que celui de la fig. 8. Il y a un pied unique, de forme conique, terminé en bas par une plaque circulaire, en haut par un cylindre, plus épais que la partie du pied qui y aboutit et orné de bandes verticales noircies au feu. Le bord de la plaque est taillé en biseau incliné vers le centre inférieur et noirci au feu.

Hauteur	12	cM.
Longueur de la planchette	11,5	»
Largeur » » »	6	»

Gaza.

Figures 11, 11ᵃ et 11ᵇ: 1/4.

Tabouret en bois blanc dont la planchette est de même genre que celle de la figure 8; les trapèzes (fig. 11ᵇ) sont ornés de zigzags sculptés et noircis au feu. La planchette repose sur les trois pointes d'une fourchette adossée à une seconde semblable, dont les pointes sont en bas. Le devant de cette pièce est orné de petits arcs de cercle sculptés et noircis au feu, le derrière (fig. 11ᵃ) de lignes semi-élliptiques faites de la même manière. Le tout repose sur une base de même forme que pour le tabouret de la fig. 2: le bord de la base, taillé en biseau, est noirci au feu, de même que les bords de la pièce centrale.

Hauteur. . . . . 12 cM.
Longueur de la planchette . . . 12,5 »
Largeur » » » . . . . 6 »
Épaisseur de la pièce centrale . . 1,5 »

Gaza.

Figures 12 et 12ᵃ: 1/4.

Tabouret en bois blanc dont la planchette est de même genre que celle de la figure 8: la surface extérieure des trapèzes (fig. 12ᵃ) est ornée de figures sculptées en creux, de la forme de petits fuseaux. Il y a trois petits pieds cylindriques noirs, qui se tordent sans se toucher les uns autour des autres, aboutissant en haut à un cylindre comme celui de la fig. 10, et plantés sur une plaque ronde, finissant en biseau, avec, tout en bas, un bord noir incliné en dedans.

Hauteur . . . . 12 cM.
Longueur de la planchette . . . 13,5 »
Largeur. . . . . 6 »

Gaza.

Figures 13 et 13ᵃ; 1/6. N. A. M.

Tabouret pour la nuque, en bois blanc, à planchette concave recourbée à chaque bout à angle droit de façon à former deux pendentifs, dont la face extérieure (fig. 13ᵃ) est ornée de lignes en zigzag sculptées et noircies au feu, entre deux bandes noircies de même. La planchette est soutenue par deux petits piliers cylindriques portés sur un pied éliptique, à pourtour fortement incliné, dont le bord intérieur est noirci au feu.

Longueur de la planchette . . . 14,5 cM.
Largeur » » » . . . 5,5 »
Longueur des pieds. . . . . . 8 »
Hauteur du piédestal . . . . . 4 »
Longueur » » . . . . . 11,5 »

Largeur du piédestal . . . . . 8 cM.
Hauteur du tabouret . . . . . 15 »

Inhambane.

Figures 14 et 14ᵃ; 1/1.

Tabouret du même genre que celui de la fig. 13. Les pendentifs sont ornés sur leur surface extérieure (fig. 14ᵃ) de lignes verticales et horizontales creusées dans le bois et noircies au feu. Il y a trois petits piliers cylindriques.

Hauteur . . . . 14,5 cM.
Longueur de la planchette . . . 16 »
Largeur . . . . de 3,5 à 4,5 »

Ile de Chiloane.

Figure 15; 1/6. N. A. M.

Tabouret pour la nuque, dont la pièce centrale est une figurine représentant une homme barbu, aux parties génitales très accusées, les bras et les jambes écartés, comme quelqu'un qui nie; les pieds manquent. Le tout est porté par une plaque horizontale.

Hauteur. . . . . 16,5 cM.
Longueur de la planchette . . . 14 »
Largeur. . . . . 6,5 »

Inhambane.

Figures 16 et 16ᵃ; 1/6. N. A. M.

Tabouret pour la nuque, dont la pièce centrale, reposant sur une plaque en forme de 8, noircie au feu, représente une antilope à cornes pointues, noircies au feu, et à queue pointue, relevée, aussi noircie.

Hauteur . . . . 15 cM.
Longueur de la planchette. . . . 15 »
Largeur » » » . . . . 6 »

Inhambane.

Figures 17 et 17ᵃ; 1/6. N. A. M.

Tabouret du même genre que celui de la fig. 13. La figurine a, très clairement indiqués, la barbe en collier, les sourcils, les paupières et la bouche: elle a des pieds excessivement énormes, noircis au feu; la main gauche tient la cheville du pied gauche; le bras droit s'écarte du corps et se termine par une main aux doigts ouverts.

Hauteur. . . . . 20 cM.
Longueur de la planchette . . . 15,5 »
Largeur. . . . . 6 »

Inhambane.

ENDRIK P. N. MULLER ET JOH. F. SNELLEMAN. L'industrie des Cafres dans le Sud-Est de l'Afrique.

Figure 1; ¹/₆. *M. E. L.*

Tabouret pour la nuque, formé d'une poutrelle rectangulaire horizontale, avec deux incisions à la surface supérieure vers chaque bout, portée sur deux tiges, dont chacune s'enroule trois fois sur elle-même, formant ainsi trois anneaux circulaires. Ces tiges sont noircies, sauf la ligne extrême de la surface extérieure des anneaux, qui est aplanie et qui a gardé sa couleur naturelle.

Hauteur.	13 cM.
Longueur	49 »
Largeur. . . . . de 9,5 à 10 »
Epaisseur de la poutrelle. de 4,5 à 6 »
Largeur » » » . . . . . 4,5 »

Natal. Reproduit à titre de comparaison.

Figure 2; ¹/₄. *M. E. L.*

Tabouret pour la nuque à planchette concave, portée sur une colonne cylindrique dressée sur un plateau sculpté en étoile, avec quinze pointes. A mi-hauteur de la colonne est un bourrelet sculpté, à neuf pointes. La planchette se termine en deux pendentils, dont l'un est orné de trois lozanges sculptés en creu, entourés d'un triple encadrement, et l'autre, de quatre carrés inscrits l'un dans l'autre, sculptés en creu, avec une étoile au centre. La surface du plateau est noircie jusque là où commencent les pointes.

Hauteur.	15 cM.
Longueur de la planchette	14,5 »
Largeur » » »	5 »
Diamètre de la colonne	2 »

Zoutpansberg-Transvaal.

Figure 3 ; ¹/₄. *M. E. L.*

Tabouret pour la nuque, à planchette concave, dont un bout est cassé, ornée au bout qui reste d'une ligne en zigzag taillée dans le bois, reposant sur un bloc carré, dont la face de devant et celle de derrière sont ornées de trois lignes en zigzag sculptées, séparées l'une de l'autre par des lignes horizontales, et enfermées dans un quadrilatère. Ce bloc est porté par une figurine représentant un être humain sur quatre jambes d'éléphant: le corps est cylindrique; les oreilles, les yeux et le nez sont sculptés: sur la tête est un bonnet pointu. Au ventre, entre les deux jambes de derrière, il y a, taillés dans le bois, une ligne en zigzag et un triangle équilatéral, et en outre un petit mamelon: deux mamelons semblables se trouvent entre les jambes de devant, et enfin la place de l'anus est marquée par un petit trou.

Hauteur.	16 cM.
Largeur de la planchette.	5,5 »

Écartement des pieds de devant, mesuré en bas, du dehors au dehors 11 cM.
» » » » derrière, » » » » » » 10

Figure 4 ; ¹/₆. *M. E. L.*

Tabouret pour la nuque, à poutrelle légèrement concave, à coupe sémi-éliptique, portée sur six pieds en forme de coins, qui vont en s'écartant fortement, ornés en haut de deux cannelures horizontales, et dans le sens de la longueur, de huit autres, qui se terminent à 1¹/₂ cM. au-dessus de la base. La surface antérieure et les côtés des pieds sont noircis, à l'exception de la partie des pieds où s'arrêtent les cannelures.

Longueur	36 cM.
Hauteur.	13,5 »
Largeur de la poutrelle	5 »
Epaisseur » » »	5 »
Hauteur des pieds	12,5 »
Largeur » » . . . . de 6,5 à 8 »

Transvaal. Reproduit à titre de comparaison.

Figure 5; ¹/₄. *M. E. L.*

Tabouret pour la nuque, à planchette concave, posée sur deux pieds carrés, qui vont en se rapprochant l'un de l'autre, et qui à leur tour sont portés par un petit banc avec deux pieds semblables. Le tout repose sur un plateau semblable à celui de la pl. XIV, fig. 2. Le long d'un des côtés de la poutrelle centrale se trouvent trois cannelures. La planchette supérieure se termine par deux pendentils

formant trapèze, sur la surface extérieure desquels sont sculptées deux lignes en zigzag superposées, séparées par une ligne horizontale.

Hauteur.	14,5 cM.
Longueur de la planchette . . .	15,5 »
Largeur.	4,5 »

Provenant probablement des Basoutos.

Figure 6 : ¹/₄. *M. E. L.*

Tabouret pour la nuque, à planchette concave, avec deux pieds carrés recourbés la convexité en dedans, sur un plateau éliptique à bord en biseau. Ne faisant qu'une pièce avec le plateau s'y trouve, entre les deux pieds, l'imitation en bois d'un fer de lance; la tige de ce fer de lance et les deux pieds du tabouret sont entourés d'un certain nombre d'anneaux en fil de fer.

Hauteur.	15 cM.
Longueur de la planchette . . .	12,5 »
Largeur » » » . . .	4,5 »
Longueur du fer de lance . . .	9,5 »
Largeur max. du fer de lance . .	3,5 »

Provenant probablement des Basoutos. Quelques tabourets pour la nuque ont un petit couteau à tranchant obtu, *strigilis*, raclour pour enlever la sueur de la peau, et peut-être le fer de lance en bois de ce tabouret-ci est-il une imitation de ces couteaux.

Figure 7, 7ᵃ, 7ᵇ et 7ᶜ ; ¹/₂.

Serrure en bois pour porte. Le dessin représente le mécanisme, qui n'est visible qu'en enlevant la serrure de la porte à laquelle elle est fixée pour servir. Cette serrure consiste en un morceau rectangulaire de bois, dans lequel une coulisse transversale donne passage au pène; celui-ci se meut à la main comme un verrou, et la serrure a pour but de l'immobiliser à volonté: pour cela, il est muni de trois coches dans lesquelles tombent trois arrêts carrés glissant dans trois coulisses verticales; la clef sert à relever ces arrêts pour rendre le pène mobile. Les arrêts sont entaillés par derrière (fig. 7ᶜ) de façon à laisser passer la clef (7ᵇ) quand on l'insinue dans une coulisse taillée pour cela jusqu'aux trois quarts de la largeur de la serrure; elle a trois coches où peuvent pénétrer les parois intermédiaires entre les arrêts; si donc on la soulève horizontalement, elle soulève aussi ces derniers, et le pène est libre. La figure 7 montre le pène libre, et la figure 7ᵃ le fait voir arrêté. Du côté extérieur, non visible sur notre dessin, la serrure est évidée le long des petits côtés, et elle est marquée à la surface d'une croix diagonale formée de doubles lignes en creu, en travers de laquelle se trouve une troisième double cannelure, qui passe par l'intersection des deux branches de la croix.

Inhambane. Rare: ne se rencontre pas sur le Zambèze. Comp. la pl. XXVII, fig. 4, serrure des noirs de Surinam, venant à l'appui de la thèse que l'Afrique orientale, d'où l'on tirait des esclaves depuis des siècles, est aussi une des contrées d'origine des ancêtres des noirs de Surinam.

Figure 8 ; ¹/₄.

Deux pieds pour pots, en bois, attachés ensemble par un cordon. Chacun d'eux est formé d'un double bol, la convexité de l'un tournée vers la convexité de l'autre, les deux bols réunis par un col à bourrelet, dans un cas, par un col cannelé de façon à représenter cinq anneaux, dans l'autre cas. La surface extérieure des bols est ornée de faisceaux de lignes en creu, qui vont du col à la circonférence.

Hauteur.	9,5 cM.
Diamètre des bols . . . . de 9,2 à 9,6 »
Longueur du cordon	27 »

Zambèze. Les femmes les placent sur leur tête pour porter des pots, ou bien, à la maison, elles déposent les pots dessus pour qu'ils ne basculent pas.

Figure 9 ; ¹/₄.

Pied pour pot de même genre que les précédents. Le col a trois bourrelets taillés en biseau et ornés tout autour de dents sculptées.

Hauteur.	8 cM.
Diamètre des bols . . . . de 9,6 à 10 »

Zambèze.

Figure 10; 1/4.

Pied pour pots, en bois lourd, très dur, de même genre que les précédents. Le col a quatre côtes circulaires; l'extérieur des bols est orné de bandes en creu formées de cercles concentriques parallèles à la circonférence du bol.

Hauteur. . . . . 6 cM.
Diamètre des bols . . . . 8 »

Zambèze.

Figure 11; 1/7.

Canne de même genre que celle de la figure 12, toute couverte de fil de laiton formant, sauf deux anneaux du type B, l'un vers le pommeau, l'autre au milieu, un nattage du type A.

Longueur . . . . 105 cM.
Diamètre près du pommeau. . . . 1.6 »
» à l'extrémité . . . . . 1.4 »
» du pommeau . . . . . 2 »

Employé par les *mosongos* du Zambèze, gens dont le père était blanc et la mère de couleur; d'ordinaire ils ont à ferme des terres appartenant au gouvernement portugais, et les noirs les ont en grand respect.

Figure 12; 1/7; *N. A. M.*

Canne cylindrique, une des extrémités, un peu plus grosse que le reste, faisant pommeau. Le tout enveloppé de fil de laiton entrelacé, type A, sauf en six places — deux à égales distances du pommeau et du bout, une vers le pommeau, deux dans la partie centrale, et encore un vers le haut — où le type A est remplacé par un nattage du type D (voy. la fig. 22) entre deux anneaux du type B.

Longueur . . . . 102 cM.
Diamètre du pommeau. . . . . . 3 »
Longueur » » . . . . . 2.5 »

Inhambane. Pour l'emploi voir la fig. 11.

Figure 13, 1/7.

Canne du même genre que la précédente, entièrement couverte d'un nattage de fil de laiton du type A.

Longueur . . . . 80 cM.
Diamètre près du pommeau. . . . 1.1 »
» à l'extrémité. . . . . 0.6 »
» du pommeau . . . . . 1.9 »

Zambèze. Pour l'emploi voir la fig. 11.

Figure 14; 1/7.

Massue en bois du même genre que celle de la pl. III, fig. 7. Le gros bout représente la tête d'un caffre à disque (*ringkopkaffer*) avec yeux, oreilles, nez et bouche, et des rudiments d'un collier de barbe, sculptés. Le manche est légèrement recourbé et s'épaissit coniquement au bout.

Longueur . . . . 62 cM.
» du manche . . . . . . 56 »
Diamètre » » . . . . . de 2 à 2,8 »
» maximum de la tête . . 6 »

Gaza. En voyage, les Zoulous et les Betchuans, s'ils n'ont pas d'autre arme, portent toujours au moins un casse-tête quelconque à la main. Le disque au sommet de la tête formant le gros bout de la massue, est un ornement des Zoulous. Chez ces derniers tous les hommes, lors de leur mariage, se font ce disque, qui dès lors reste inséparable de leur chevelure et ne s'enlève plus. Il est fait de fiente de bœuf et autres substances, dans lesquelles ont entrelace les cheveux; le tout se polit ensemble.

(Au sujet du disque et de la manière dont on le porte, cp. Wood, *Natural history of men*, vol. I, page 35, et le dessin de la page 6).

Figure 15; 1/7.

Fouet pour esclaves du même genre que celui de la figure 16. La ganse en forme de lozange et le fouet pour plus de la moitié sont recouverts d'un nattage de fil de laiton du type A, terminé par un anneau étroit du type B.

Longueur . . . . 57 cM.
» de la partie non recouverte 21 »
» » » ganse . . . . . . 9 »

Inhambane. Appelé en Portugais *cavallo marino*, du même nom que l'hippopotame.

Figure 16; 1/7.

Fouet pour esclaves, en peau d'hippopotame taillée cylindriquement, pourvue d'une ganse à l'un des bouts, et se terminant en pointe à l'autre. Partant de la ganse et se continuant le long des deux tiers environ du fouet, court, devant et derrière, une cannelure longitudinale.

Longueur . . . . 82,5 cM.
» de la ganse . . . . . 9 »

Zambèze. Le même genre de fouet est en usage dans l'Afrique méridionale et s'y nomme *chambok*.

Figure 17; 1/7.

Fouet pour esclaves, en peau d'hippopotame taillée cylindriquement, noircie, pourvue d'une ganse à l'un des bouts, et fendue à l'autre bout jusqu'aux deux tiers de la longueur. Les deux parties ainsi obtenues ont à leur tour été arrondies. Elles vont en grossissant légèrement vers le bout.

Longueur . . . . 79,5 cM.
» de la partie fendue . . 40 »
» » » ganse . . . . 7,5 »

Zambèze. Sur les bords du Zambèze on noircit d'ordinaire ces fouets.

Figure 18; 1/7.

Chapeau en paille tressée à nopes; bord étroit, retroussé, bordé de coton bleu; autour de la forme, un ruban de drap bleu bordé de coton blanc; au sommet, un rond de drap bleu bordé de rouge.

Diamètre du bord . . . . 30 cM.

Zambèze. Chapeau de fantaisie. Les noirs ne portent pas de chapeaux.

Figure 19; 1/7.

Chapeau de paille fine tressée, à large bord plat

Hauteur de la forme . . . . . 30 cM.
Diamètre du bord . . . . . . 61,5 »

Zambèze.

Figures 20 et 21, 1/2.

Deux coques pour le membre viril. Elles sont en bois, de forme sphérique aplatie, avec une ouverture circulaire, et noircies en dehors. Le pourtour est ciselé en côtes aigues, qui vont d'un des pôles aplatis vers l'autre. De deux côtés, opposés l'un à l'autre, les ciselures ne sont pas prolongées jusqu'à l'axe de la coque. La figure 20 montre en face ces côtes plus courtes que les autres; en faisant faire à la coque un quart de tour, on la présente sous l'aspect de la figure 21. Sur une de ces deux coques deux des côtes courtes ont été laissées blanches de chaque côté.

Hauteur . . . . 3,5 cM.
Diamètre. . . . . 5,5 »
» de l'ouverture. . . 1.5 et 2 »
Poids, 13 et 15 grammes.

Zambèze, quoique point généralement répandues dans cette contrée, non plus qu'à Inhambane: en revanche fort en usage chez les Caffres de l'Afrique méridionale. On circoncit les noirs quand ils deviennent nubiles, et tous les Caffres de l'Afrique méridionale ont l'habitude après cette opération d'enfermer leur membre viril dans une coque en bois ou en roseau. C'est le signe de la phase de sa vie dans laquelle le porteur de cet objet est entré, et en même temps cela veut dire qu'il est »habillé". (Cp. Ratzel, *Die Naturvolker Afrikas*, p. 225, 298).

Figure 22; 1/1.

Type (D) de tressage du fil de laiton.

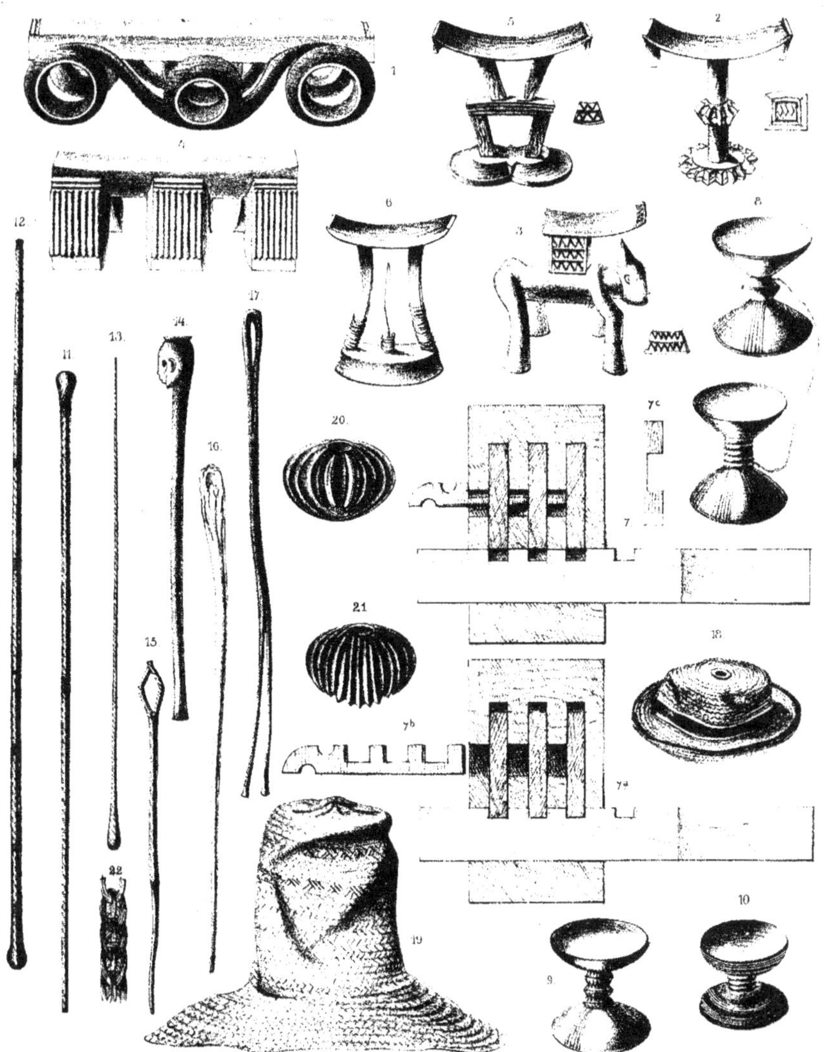

HENDRIK P. N. MULLER ET JOH. F. SNELLEMAN. L'industrie des Cafres dans le Sud-Est de l'Afrique.

PLANCHE XVI.

Figure 1 : 1/4.

Pupitre pour le Coran, employé pour y reposer la tête, fait d'une seule pièce, de deux planches de bois brun qui se croisent et sont rendues mobiles au point de croisement au moyen d'une charnière à barreaux, l'une des planches ayant trois barreaux et l'autre deux. On peut à volonté le fermer, ou bien l'ouvrir dans la position présentée par notre dessin. (Comp. *Midden-Sumatra*, III, 4 : pl. XXXIV, fig. 3.)

Zambèze inférieur. Probablement oublié par quelque voyageur musulman.

Figures 2 et 2*a* ; 1/20.

Natte pour dormir (*fumba*). Natte double sans couture, en paille tressée, ouverte sur l'un des longs côtés. Six bandes longitudinales brunes ornent le dessus et le dessous.

Longueur	177 cM.
Largeur	108 »
» des bandes	4.5 »
» de la paille	0,3 »

On l'emporte en voyage et les noirs couchent dedans. Elle sert aussi de linceul pour inhumer les morts. (Voy. Durand, *Exploration au Zambèze*, Revue française, VI, pages 51 et 437).

Figure 3 ; 1/5.

Modèle d'embarcation, creusé dans un morceau de bois tendre.

Longueur	98,5 cM.
Largeur au milieu	18 »
Profondeur au milieu	8 »

Zambèze.

Figure 4 ; 1/7.

Canne du même genre que celle de la pl. XV, fig. 12 ; insigne de dignité. Le pommeau est enveloppé de fil de laiton entrelacé d'après le type A : la canne, de bandes de diverses largeurs de nattage du même type, alternativement en fil de laiton et en fil de fer, terminé à 2,5 cM. du bout.

Longueur	90 cM.
Diamètre du pommeau	4 »
Longueur » »	5 »
Largeur des bandes	de 2 à 12 »

Matabilis. On la porte à la main sans l'appuyer à terre à chaque pas ; destinée aux personnages de distinction seuls.

Figure 5 ; 1/7. *M. E. L.*

Canne à pommeau cylindrique ; sur une longueur de 31 cM. depuis le bout, elle est enveloppée de deux bandes, l'une de fil de laiton, l'autre de fil de cuivre, montant en deux spirales contiguës ; le reste est orné de la même façon, sauf que le fil de cuivre est remplacé par du fil de fer ; le pommeau a un nattage de fil de fer ; tout est du type A.

Longueur	79,5 cM.
Diamètre du pommeau	4 »

Matabilis.

Figure 6 ; 1/5. *N. A. M.*

Casse-tête en bois, à manche droit et à tête en forme de sphère aplatie aux deux pôles. Sur un tiers à peu près du manche, en par-

tant d'en haut, il y a une enveloppe de fil de laiton, remplacé en deux endroits par du fil de fer ; le fil n'est pas entrelacé, mais enroulé en anneaux contigus, manière d'employer le fil métallique qui est positivement caractéristique des Zoulous.

Longueur	69 cM.
» de la partie recouverte .	26 »
Diamètre maximum du pommeau .	7 »
» minimum » » .	5,5 »

Transvaal.

Figure 7 : 1/10.

Tablier fait de morceaux de peau flexible cousus à une ceinture et coupés en lanières ; un grand nombre de ces lanières sont fendues au bout ; les deux plus longues, qui sont tirées d'une queue de quadrupède, ont de droite et de gauche des incisions, non visibles sur le dessin.

Longueur de la ceinture	47 cM.
» de la plus grande lanière .	79 »

Senna. Porté par les hommes. Il est rare sur le Zambèze. Il se rencontre aussi dans le pays des Zoulous, quoique, de même que sur le Zambèze, on y porte plutôt des mouchoirs attachés autour des reins. Joint à la coiffure de pl. XVII, fig. 4 et au collier de pl. XXII, fig. 1, ce tablier forme la partie essentielle du costume de guerre des Landines, qui font partie des Zoulous et habitent Manika et Barone. Font encore partie de ce costume des tabatières, des plumes et des queues de vache, que les guerriers portent à de grands trous pratiqués dans les oreillons (Cp. Livingstone, *Narrative of an expedition to the Zambesi*, 1865, p. 30).

Figure 8 : 1/2.

Peigne de la forme d'un trapèze, consistant en dix-huit aiguilles de bois, embrassées sur la moitié environ de leur longueur par un système de petits bâtons transversaux, attachés ensemble avec de la ficelle et des cheveux. La moitié des aiguilles qui sort de cette gaine forme les dents du peigne, la gaine elle-même formant poignée ; elle est ornée sur une de ses faces d'un lozange en grains de verre rouges sur un fond en grains blancs et noirs.

Longueur du peigne	8,5 cM.
» des dents	4 »
Largeur du peigne . . .	de 4,5 à 6 »

Conceicao. Zambèze. Etranger au Zambèze par le patron, par l'assemblage des couleurs et par la grandeur des perles. C'est plutôt un type Zoulou. On s'en sert, de même que de ceux qui suivent, tant pour se peigner la chevelure que pour l'y placer comme ornement.

Figure 9 ; 1/2.

Peigne de trente et une dents, du même genre que le précédent. Les grains de verre forment des figures irrégulières où il y a toutes sortes de couleurs.

Longueur du peigne	9,5 cM.
» des dents	4 »
Largeur du peigne . . .	de 8 à 10,5 »

Conceicao. Zambèze.

Figure 10 ; 1/2.

Peigne de vingt-six dents, du même genre que les précédents. Les grains dessinent quatre compartiments, l'un vert, l'autre bleu,

…u jaune et le quatrième rouge; dans le haut à droite du compartiment bleu, il y a un carré blanc.

Longueur du peigne . . . . 9 cM.
» des dents . . . . 3 »
Largeur du peigne . . . . de 6 à 8 »

Conceição, Zambèze.

Figure 11 : ¹/₃.

Peigne de vingt-quatre dents, du même genre que les précédents. Les grains forment des lozanges violets, bleus et noirs.

Longueur du peigne . . . . . . 10 cM.
» des dents . . . . 3,5 »
Largeur du peigne . . . . de 6 à 7 »

Conceição, Zambèze.

Figure 12 : ¹/₃.

Peigne de trente dents, de même genre que les précédents. Les grains dessinent deux bandes blanches en zigzag sur fond noir.

Longueur du peigne . . . . 9 cM.
» des dents . . . . 3,5 »
Largeur du peigne . . . . de 5,5 à 9 »

Conceição, Zambèze.

Figure 13 ; ¹/₃.

Peigne de vingt-six dents, formant rectangle, du reste de même genre que les précédents. Comme dessins, raies obliques blanches, bleues, noires et mi-partie bleues et noires, enfermées entre une bande horizontale bleue et une noire.

Longueur du peigne . . . . . . 8,5 cM.
» des dents . . . . . . 3,5 »
Largeur du peigne . . . . . . 5,7 »

Conceição, Zambèze.

Figures 14 et 14ᵃ ; ¹/₅.

Shâle en toile grise de coton du Zambèze très simplement tissée (voy. fig. 14ᵃ), avec une frange à chacun des petits côtés.

Longueur sans franges . . . . . 289 cM.
Largeur . . . . 173,5 »
Poids, un peu plus de deux kilogrammes.

Zambèze. Rare. Il existait il y a une dizaine d'années des plantations de coton sur les bords du Zambèze; mais les noirs ne venant pas travailler à l'époque de la récolte, on les a petit à petit abandonnées et maintenant on ne tisse plus sur le Zambèze que du coton venu sans culture ou que du fil de coton importé.

Figures 15 et 16 : ¹/₁.

Deux types (B et A) de tressage du fil de laiton ou de fer.

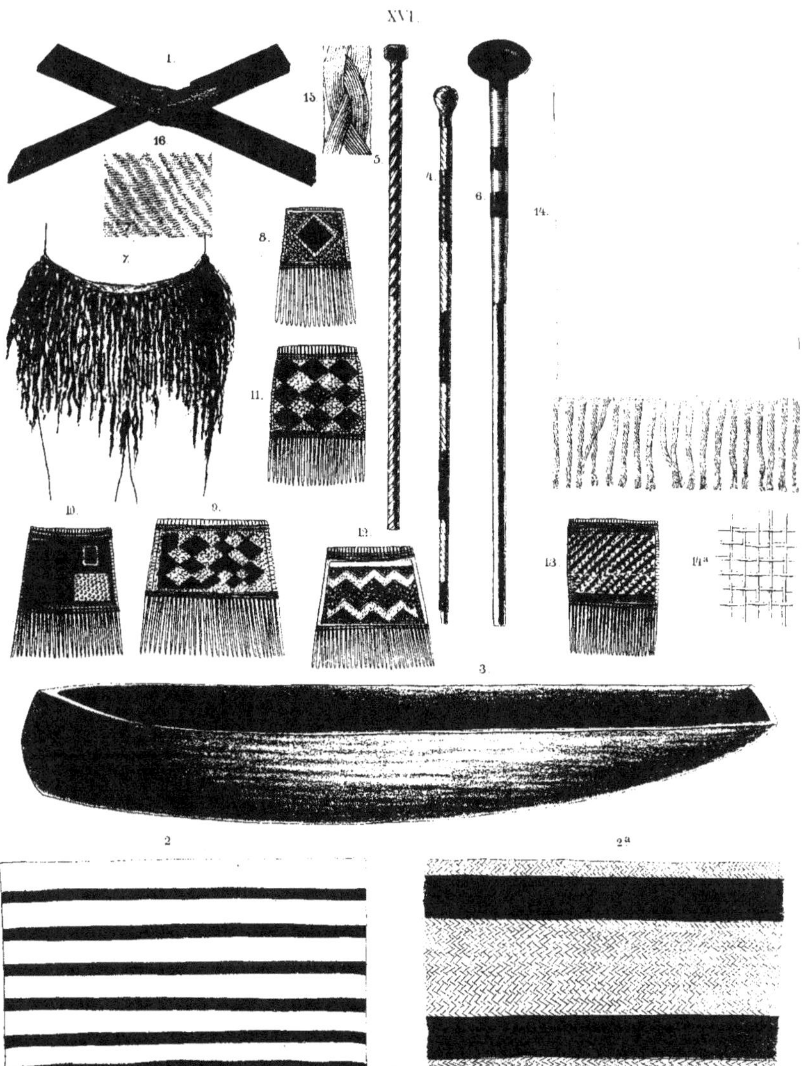

HENDRIK P. N. MULLER ET JOH. F. SNELLEMAN, L'industrie des Cafres dans le Sud-Est de l'Afrique.

PLANCHE XVII.

Figure 1: 1/7.

Coiffure consistant en un filet de ficelle, dans les mailles duquel on a attaché de petites bottes d'herbe, après quoi le tout a été plongé dans un bain de teinture noire. Une ficelle passe au travers de la dernière rangée de mailles et permet de serrer la coiffure autour de la tête.

  Longueur des mouchets d'herbe . . 9,5 cM.
  (Cp. la description de la pl. XVI, fig. 7).
Provient du pays du roi Bongau au Zambèze.

Figure 2: 1/7.

Coiffure faite de trois touffes de plumes couleur isabelle, reliées entre elles par une courroie qui s'adapte à la tête; les touffes sont taillées sphériquement; deux se portent sur les tempes, la troisième au sommet de la tête; de cette dernière émergent deux plumes de la queue d'un coq, et de chacune des deux autres en émerge une.

Zambèze.

Figure 3: 1/7. M. E. R.

Chapeau de sorcier. Une calotte en ficelle entrelacée est cousue à un large bandeau de coton gris qui s'adapte à la tête. De nombreux chapelets de perles de verre, longs et courts, sont retenus chacun par un de leurs bouts à la calotte: il y a des grains rouges — ceux-ci grands, ronds et cylindriques; blancs — ceux-ci cylindriques; bleus — ceux-ci petits, ronds. Quelques-uns des chapelets se terminent par un *kauri* (*Cyprœa moneta*). Quelques chapelets d'anneaux en laiton creu sont entremêlés à intervalles irréguliers parmi ceux de grains de verre. Le bandeau de coton se termine par derrière par une boucle, retenant la boucle initiale d'une queue faite d'un morceau de toile de coton tordu, dont le bout est serré dans un manchon de ficelle tressée; enfin l'autre bout de ce manchon tient serré une touffe de grossiers cheveux noirs, longue de douze centimètres.

  Longueur de la queue . . . . . 47 cM.
  Poids du chapeau. . . . . . . 1.45 Kilogr.

Quand un crime a été découvert et quand il s'agit de vider un différent sur la côte sud-est de l'Afrique, ce sont les sorciers (*felicheiros*) qui sont chargés de désigner le coupable: lorsque quelqu'un est malade, c'est encore à eux que l'on a recours pour savoir comment on lui rendra la santé. On leur attribue aussi une influence sur les phénomènes atmosphériques et en général un pouvoir surnaturel. A cela se borne chez ces noirs tout ce qu'ils ont de ressemblant à de la religion.

Figure 4: 1/7. N. A. M.

Coiffure faite de plumes de coq couleur isabelle et noires. Le chapeau proprement dit, qui est retenu sur la tête au moyen d'une mentonnière en ficelle poissée, a la forme d'une rosette de plumes mi-partie jaunes et noires, tondues également en boule et retenues par un réseau. Au sommet sont plantées verticalement sept plumes de la queue d'un coq, et derrière se trouve un paquet, quelque peu conique, de plumes plus courtes, blanches, noires et jaunes: un paquet semblable est attaché de chaque côté de la coiffure là où elle couvre les oreilles, et, à la hauteur des tempes, il y en a de chaque côté encore un, fait de plumes blanchâtres et jaunes.

  Hauteur de la rosette. . . . . . 12 cM.
  Diamètre » »   » . . . . . 16 »
  Longueur de la touffe de derrière. . 30 »
     »   » »   » sur les oreilles. 20 »
     »   » »   » aux tempes. . 13 »
     »   des plumes verticales . . 27 »
Inhambane.

Figure 5: 1/7.

Coiffure d'hommes. Les cheveux sont réunis en petites touffes enduites de graisse, ce qui les rend raides et les fait rester dressées. Cette coiffure est répandue dans toute la colonie de Mozambique.

Figure 6: 1/7.

Coiffure d'hommes. On réunit quelques cheveux, auxquels on enfile des grains de verre. Cela se fait en particulier avec les cheveux du sommet du crâne et ceux qui entourent le visage. Cette coiffure appartient aux contrées situées en arrière de la baie de Delagoa.

Les femmes de Natal se décorent les cheveux en y enfilant des grains de verre qui retombent sur le cou. Dans les possessions portugaises du Sud-Est de l'Afrique, les femmes se rasent souvent le sommet du crâne de façon à dénuder une surface circulaire large d'un doigt, et recouvrent celle-ci d'une bande plate en grains de verre.

Figure 7: 1/7.

Coiffure en forme de casque de plumes pendant sur le cou, d'un noir du Limpopo.

Figure 8.

Costume d'une négresse qui a subi l'influence européenne: il n'est porté que par les femmes indigènes qui descendent des blancs ou qui habitent chez des blancs. Jaquette en toile de coton blanche, et pièce d'étoffe de couleur descendant de dessous les aisselles jusque aux pieds.

Figures 9 et 10.

Deux manières de porter le *panno*, pièce d'étoffe entourant les reins: N° 9, mode des contrées situées sur le Zambèze et plus au sud; N° 10, mode de la contrée en arrière de la ville de Mozambique.

HENDRIK P. N. MULLER ET JOH. F. SNELLEMAN. L'industrie des Caffres dans le Sud-Est de l'Afrique.

PLANCHE XVIII.

Figures 1 et 1ᵃ; ¹/₄.

Shâle de coton blanc, broché de raies diverses, faites en fil de coton européen bleu foncé et rouge. La figure 1ᵃ fait voir la continuation et la fin de la large raie commencée sur la fig. 1 et s'y terminant au signe ✕ : on y voit la représentation des montagnes qui sont derrière Senna (la mère et l'enfant, *Baramuana*, groupe de hauteurs qui surgissent dans la plaine de Senna et par là attirent l'attention), d'un crocodile et d'une hache. Le shâle a quatre largeurs, chacune rayée comme l'indique la figure 1, qu'il faut donc se représenter comme reproduite encore trois fois. Le morceau correspondant à ce dessin a 48 cM. de long et 16 de large. Le shâle se termine aux deux bouts par une bordure où entrent les mêmes couleurs que dans la pièce d'étoffe, et enfin par une frange faite des fils de la chaîne.

    Longueur . . . . 197 cM.
    Largeur . . . . 71 »

Fabriqué dans les environs de Senna. Il n'y a que certaines gens, tous hommes, qui tissent cette sorte de shâles. On a travaillé près de neuf mois à celui de notre planche. Il a coûté huit livres sterling.

Figure 2 : ¹/₂.

Mouchoir pour la poitrine (*muchecca*) à raies: au milieu, deux raies jaunes entre trois vertes: puis, de chaque côté, des raies blanches alternant, premièrement avec deux bleues, puis deux rouges, puis encore une fois deux bleues. A chaque bout, la trame a été un peu resserrée, puis on a adapté au mouchoir une bordure rouge, verte, jaune, verte, rouge, un peu plus longue qu'il n'est large, de l'autre côté de laquelle les fils de la chaîne ressortent en franges.

    Longueur . . . . 171 cM.
    Largeur . . . . 9,2 »

Fabriqué à Conceiçao, Zambèze, avec du fil européen.

Figure 3 ; ¹/₂.

Mouchoir pour la poitrine du même genre que le précédent. Couleurs: au centre, vert, puis, de chaque côté, jaune, bleu, rouge, bleu, blanc, violet, blanc, bleu foncé, rouge, bleu: couleurs de la bordure: jaune, rouge, vert, rouge, jaune.

    Longueur . . . . 185 cM.
    Largeur . . . . 7,8 »

Fabriqué à Conceiçao, Zambèze, avec du fil européen.

Figure 4 : ¹/₂.

Mouchoir pour la poitrine du même genre que les précédents. Couleurs: six bandes formées d'une raie rouge entre deux brunes, et séparées, entre 1 et 2, 3 et 4, et 5 et 6, par une bande formée d'une raie verte entre deux jaunes, et, entre 2 et 3 et 4 et 5, par une raie bleue entre deux jaunes: couleurs de la bordure: rouge, bleu, jaune, vert, brun.

Fabriqué avec du fil européen à Conceiçao, Zambèze.

Figure 5 ; ¹/₂.

Mouchoir pour la poitrine conforme au shâle des fig. 1 et 1ᵃ en ce qui concerne les couleurs employées: les extrémités travaillées dans le même genre que pour le mouchoir de la fig. 2.

    Longueur . . . . 359 cM.
    Largeur . . . . 9,5 »

Figure 6 : ¹/₂.

Mouchoir pour la poitrine du même genre que le précédent.

    Longueur . . . . 155 cM.
    Largeur . . . . 8 »

Zambèze et Chire.

Figure 7 : ¹/₂. J. Z. R.

Mouchoir pour la poitrine du même genre que celui de la fig. 2. Couleurs: le jaune, le rouge, l'orange et le brun alternant irrégulièrement entre eux. Bordure: blanc, bleu, blanc.

    Longueur . . . . 156 cM.
    Largeur . . . . 9 »

Fabriqué à Conceiçao, Zambèze, avec du fil européen.

Figure 8 ; ¹/₂ : M. E. L.

Mouchoir pour la poitrine, du même genre que le précédent. Couleurs: au milieu, une raie bleue entre deux rouges, et de là, de chaque côté, blanc, orange, jaune, orange, bleu, orange, jaune, orange, blanc, rouge, bleu, rouge, blanc, orange, jaune, orange, bleu, orange, jaune, orange, blanc, rouge, bleu, rouge, vert, rouge, bleu, rouge, blanc, orange, jaune, orange, bleu, orange, jaune, orange. Bordure: carrés alternatifs blancs et bleus.

    Longueur . . . . 188 cM.
    Largeur . . . . 10,5 »

Zambèze.

Figure 9 : ¹/₂. M. E. L.

Mouchoir pour la poitrine du même genre que les précédents. Blanc à raies bleues: bordure de même.

    Longueur . . . . 156,5 cM.
    Largeur . . . . 9 »

Zambèze.

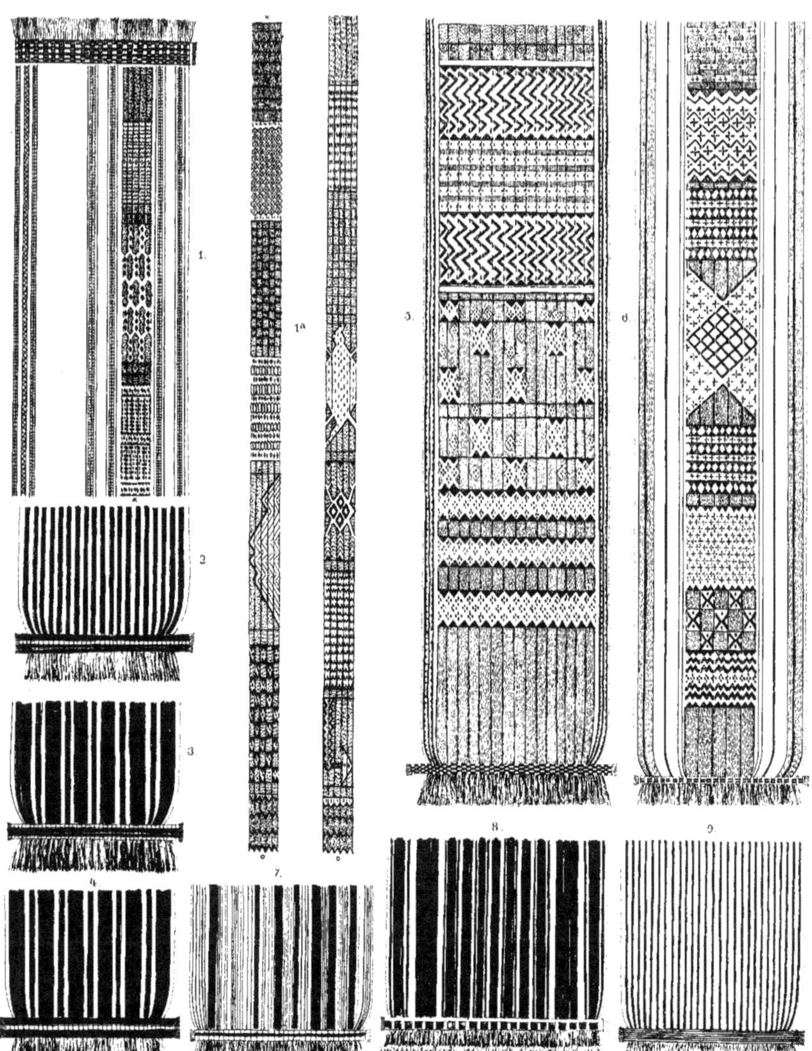

PLANCHE XIX.

Figure 1 : ½. M. E. L.

Mouchoir pour la poitrine du même genre que celui de la pl. XVIII, fig. 2. Blanc à raies bleues avec, de chaque côté, une raie rouge faite entre deux raies de perles bleues ; bordure, carrelée de blanc et de bleu.

    Longueur . . . . 166 cM.

    Largeur . . . . 8 »

Zambèze.

Figure 2 ; ½. J. Z. R.

Couvre-poitrine en paille tressée (*moutelle*), orné de deux bandes dans le sens de la longueur, dessinant des carrés bruns et noirs. Le dessin reproduit un des bouts : l'autre est semblable ; le vêtement se divise à son extrémité en deux tresses, qui finissent par se confondre en une seule, laquelle va en s'amincissant pour se terminer par un nœud.

    Longueur . . . . 120 cM.

    Largeur . . . . 3,8 »

Figure 3 : ⅓. J. Z. R.

Couvre-poitrine en toile de coton grise, orné sur une longueur de 54 cM. de bandes transversales de grains de verre cousus sur l'étoffe, dans l'ordre de couleurs suivant, toujours répété : blanc, rouge, jaune, bleu, brun, rouge, blanc, noir, blanc, rouge, jaune, vert, jaune, rouge, blanc, noir, blanc, rouge, jaune, vert.

    Longueur . . . . 118 cM.

    Largeur . . . . 7 »

Zambèze.

Figure 4 : ⅓.

Couvre-poitrine en grains de verre, les uns rouges et ronds : les autres noirs ou blancs et cylindriques. Notre dessin en représente les deux bouts, à l'un desquels pendent des fils longs de 38 cM. ce qui permet de supposer que le travail n'est pas achevé.

    Longueur, sans ces fils. . . . . 72,5 cM.

    Largeur. . . . . 13 »

Zambèze.

Figure 5 : ⅓. J. Z. R.

Tablier de décence pour femmes, en grains de verre enfilés, formant des lignes en zigzag qui répètent cinq fois la série de couleurs blanc, noir, blanc, rouge, jaune, bleu, jaune, rouge : dans la seconde et dans la quatrième série, le bleu est remplacé par du vert. En bas il y a une frange faite de petites boucles en perles.

    Hauteur . . . . 23,5 cM.

    Largeur . . . . 34 »

Zambèze.

Figure 6 : ⅓. M. E. L.

Tablier de décence pour femmes, en grains de verre rouges, roses et bleus. Une large frange est formée de chapelets de grains de verre, tous terminés par un grain blanc, et attachés ensemble par le haut, au moyen d'un fil, au deux tiers environ du tablier entier ; celui-ci a aux deux coins supérieurs des cordons, l'un long de 16, l'autre de 18 cM.

    Hauteur totale du tablier . . . . 14 cM.

    » de la frange . . . . . 9 »

    Largeur du tablier . . . . . . 19 »

Basoutos.

Figure 7 : ⅓. J. Z. R.

Ruban pour les cheveux, en grains de verre, dessinant des groupes de bandes étroites séparées par de larges bandes vertes, jaunes ou bleues ; les couleurs des bandes étroites obéissent à la série rouge, blanc, noir, blanc, rouge, jaune, vert, jaune, rouge, blanc, noir, blanc, rouge.

    Longueur en le doublant. . . . 26 cM.

    Largeur . . . . 2,5 »

Zambèze.

Figure 8 : ⅛.

Ruban pour les cheveux en grains de verre incolores, transparents, interrompus en dix-huit endroits par des grains noirs, terminé à chaque bout par trois groupes de huit chapelets de grains bleus chacun, séparés par des lozanges de grains rouges, jaunes et noirs, et finissant par une frange en grains bruns.

    Longueur. . . . . 83 cM.

    Largeur . . . . 1,3 »

Chiloane.

Figure 9 : ⅓.

Ruban pour les cheveux formé de treize groupes, chacun de quatre chapelets, chaque groupe séparé de ses voisins par deux rangs transversaux ; de ces groupes, deux sont rouges, un bleu, un vert, deux en perles incolores, et le reste de couleurs mêlées, où dominent le noir, le rouge et le blanc. A chaque bout, quatre chapelets bruns font frange.

    Longueur . . . . 39 cM.

    Largeur. . . . . 1,5 »

Chiloane.

Figure 10 : ⅓.

Collier fait de 46 chapelets, joints deux à deux à six endroits où les couleurs changent, ce qui divise le collier en sept compartiments, dont le premier, le troisième, le cinquième et le septième présentent des raies rouges, blanches, noires et vertes régulièrement combinées, de la même façon pour les quatre ; le second et le sixième sont tout bleus, le quatrième tout jaune. Les deux bouts ont chacun quatre grosses perles rouges et un mouchet coloré comme les compartiments à raies : une très grosse perle noire, ovale, réunit les deux bouts, et il en part deux cordons, chacun avec, entre deux perles rouges, une noire à facettes blanches, et enfin un gland semblable aux deux autres.

    Longueur du collier mis en double . 58 cM.

Zambèze.

Figure 11 : ⅓.

Collier fait de 6 chapelets, divisés en 11 compartiments semblables l'un à l'autre deux à deux à partir des deux bouts, le premier, le troisième et le cinquième couple semblables entre eux ; les chapelets de ces trois couples sont formés sur le modèle représenté pl. XX, fig. 7 et 7' et se terminent à chaque bout par cinq grosses perles, à un bout, une noire entre quatre rouges, à l'autre bout, une blanche entre quatre rouges ; le second couple et le compartiment du milieu sont bruns, et le quatrième couple vert. La pendeloque est formée d'une grosse perle oblongue, d'un vert transparent, au-dessus et au-dessous de laquelle il y en a deux rondes, rouges, et d'où pendent enfin quatre boucles de perles de couleurs mêlées.

    Longueur du collier mis en double . 38 cM.

Zambèze.

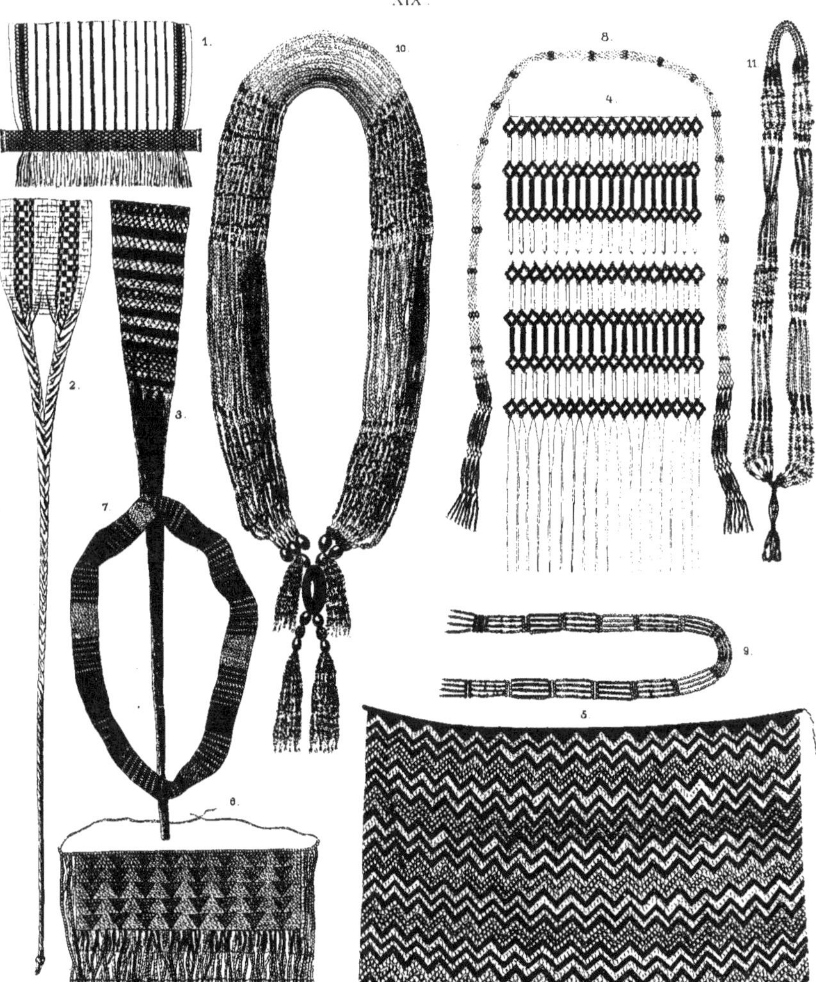

HENDRIK P. N. MULLER ET JOH. F. SNELLEMAN. L'industrie des Cafres dans le Sud-Est de l'Afrique.

PLANCHE XX.

Figure 1; 1/3. *J. Z. R.*

Collier fait de 4 chapelets doublés par places, à des intervalles irréguliers. Il est fait surtout de petites perles de verre rondes, noires, rouges, vertes et bleues, auxquelles s'en joignent de grosses rouges, rondes, et de noires et de blanches, allongées. La pendeloque est faite d'une perle rouge, ronde, d'une vert transparent, allongée, d'une rouge, ronde, de deux jaune transparent, et de deux rouges, rondes, d'où partent ensemble deux bleues, allongées, au bout de chacune desquelles est une rouge, ronde.

Longueur du collier mis en double . 45,5 cM.

Inhambane.

Figure 2; 1/3. *J. Z. R.*

Collier en deux moitiés, chacune de 4 chapelets faits de grains de verre rouges, noirs et blancs : les deux parties du collier peuvent, au milieu de celui-ci, se détacher l'une de l'autre. Pour pendeloque il y a un anneau en bois, couvert de perles de verre rondes, rouges, noires, blanches et jaunes ; dans l'intérieur pend une grosse perle rouge.

Longueur du collier mis en double . . 26 cM.

Inhambane.

Figure 3 : 1/3. *J. Z. R.*

Collier formé de quinze compartiments, chacun de quatre petits chapelets de grains blancs, rouges, bleus et noirs, alternant avec quinze chapelets uniques, alternativement rouges et blancs, et rouges et noirs.

Longueur du collier mis en double . . 33 cM.

Chiloane.

Figure 4 : 1/3.

Collier formé de 5 chapelets tordus en spirale autour d'un cordon dépourvu de grains de verre, et rejoints les uns aux autres, mais non au cordon central, à intervalles réguliers. Il y a ainsi 16 compartiments, dont 8 bleus, alternant avec 8, uniformément combinés de grains noirs, rouges, blancs et verts. Un nœud sert à fermer le collier.

Longueur du collier mis en double . 42,5 cM.

Zambèze.

Figure 5 ; 1/3.

Collier formé d'une double série de compartiments, quatre bruns alternant avec trois bleus : chaque compartiment se compose de trois chapelets dont les grains sont enfilés de façon à former des étoiles, comme on le voit sur la figure 7. Ces compartiments alternent avec des chapelets de grosses perles rouges, blanches et noires, au milieu de chacun desquels il y a une étoile de grains plus petits, mais des mêmes couleurs. Pour pendeloque, une perle vert transparent entre deux rouges, d'où pendent quatre boucles de grains noirs, verts, rouges et bruns.

Longueur du collier mis en double . . 30 cM.

Zambèze.

Figure 6 : 1/3.

Parure pour le cou en forme d'un filet à grandes mailles, fait en grains de verre de plusieurs couleurs, et suspendu à un chapelet de grains rouges que terminent à chaque bout cinq grosses perles de verre, trois rouges séparées par une blanche et une bleue A chaque maille du dernier tour pend un chapelet de six perles, deux blanches entre deux couples de rouges.

Longueur du chapelet du haut . . 48 cM.

Hauteur de la parure . . . . . 22 »

Zambèze.

Figures 7 et 7ᵃ; 1/3.

Collier de dix compartiments semblables à celui que la fig. 7ᵃ donne en grandeur naturelle.

Longueur du collier mis en double . . 24 cM.

Inhambane.

Figure 8 : 1/3. *M. E. I.*

Parure pour le cou faite de grains de verre bleus, roses et blancs, dont quelques-uns ont été remplacés par des grains vert transparent et noirs. Les chapelets qui forment le dernier rang de mailles se croisent, le premier étant attaché à la première et à la troisième maille du rang précédent, le second à la seconde et à la quatrième, et ainsi de suite. La parure est suspendue à un chapelet de grains de verre, terminé à un bout par une boucle, aussi en perles, et à l'autre bout par un bouton de chemise, en porcelaine.

Longueur . . . . 36,5 cM.

Hauteur. . . . . 3,5 »

Figure 9 : 1/3.

Collier fait de 16 perles rouges en porcelaine, de 12 en verre dont 4 vertes, 4 bleues et 4 violettes, et de 7 en or. Chacune de celles-ci consiste en deux hémisphères creuses, travaillées artistement à jour. L'or provient de la contrée du Zambèze.

Longueur du collier mis en double . . 18 cM.

Zambèze.

Figure 10 : 1/3.

Collier fait de grains de verre cylindriques blancs et noirs alternants, séparés par des grains ronds, rouges.

Longueur du collier mis en double . . 40 cM.

Zambèze.

Figure 11 : 1/3.

Collier fait de grains de verre ronds, rouges : ovales, blancs, et cylindriques, noirs, enfilés irrégulièrement, avec ici et là de petits fruits noirs, durs, la plupart enfilés par couples.

Longueur du collier mis en double . . 40 cM.

Zambèze.

Figure 12 : 1/3.

Collier fait de petits fruits blancs et de semences noires, enfilés à un cordon.

Longueur du collier mis en double . . 45 cM.

Zambèze.

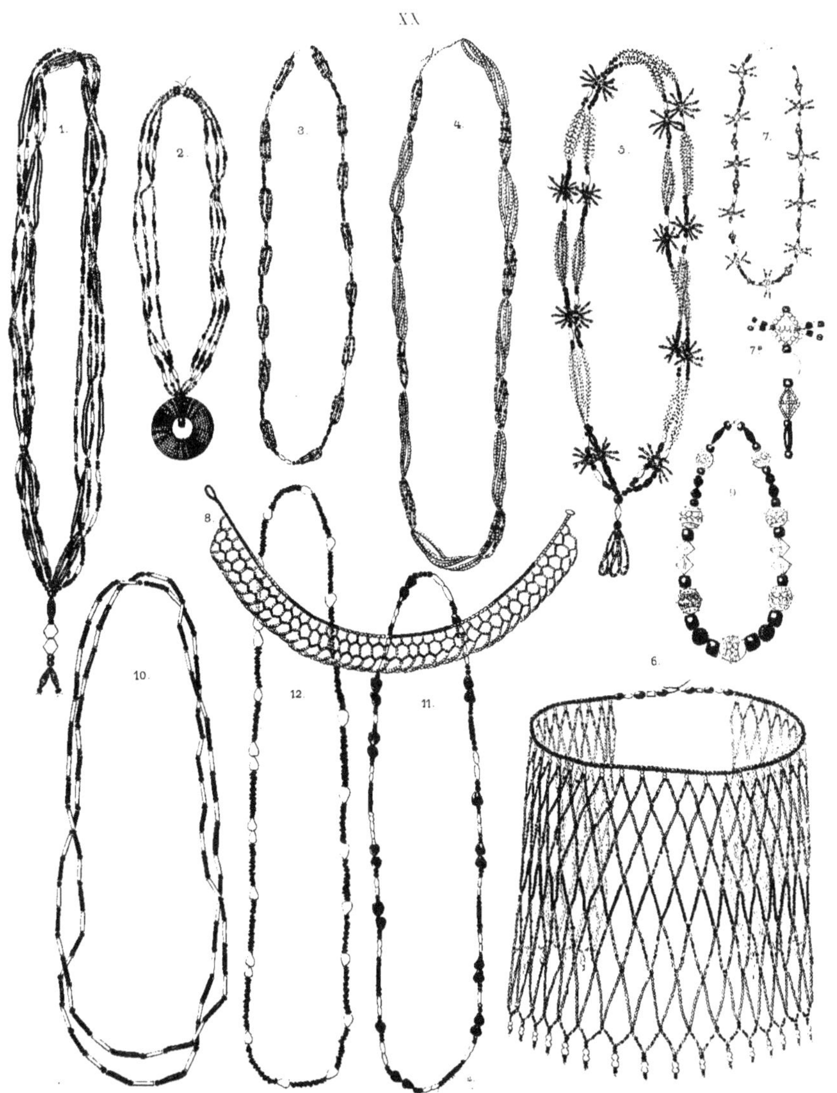

HENDRIK P. N. MULLER ET JOH. F. SNELLEMAN, L'industrie des Caffres dans le Sud-Est de l'Afrique

PLANCHE XXI.

Figure 1: ½. N. A. M.

Collier de morceaux de roseau cylindriques, noircis au feu sur la tranche, enfilés à une étroite courroie. Au milieu du collier se trouvent deux cornes d'antilope, percées à la racine pour laisser passer la courroie. Le premier cylindre de roseau à chaque bout est beaucoup plus grand que les autres, orné de ciselures en forme de losanges, et avec une incision en croix à l'extrémité libre.

 Longueur du collier. . . . . . 83 cM.
 » des petits cylindres . . 1.5 »
 Épaisseur » » » . . 0.5 »
 Longueur » longs » . . 8.5 »
 » » cornes . . . . . 13 »

Inhambane. Porté par les hommes comme insigne.

Figure 2 ; ⅓.

Collier de morceaux de roseau à parois épaisses, enfilés à un cordon pour lequel on les a percés au foret. Deux paires de morceaux de roseau plus longs les divisent en deux groupes, l'un de 30, l'autre de 31 petits cylindres. La tranche de ceux-ci est noircie au feu.

 Longueur du collier. . . . . . 57 cM.
 » des petits cylindres de 1.7 à 2.8 »
 » grands cylindres . 13 et 18 »

Zambèze. Porté par les hommes comme insigne.

Figure 3 : ⅓.

Collier formé de 14 petites cornes d'antilope percées à la racine, séparées en groupes irréguliers par cinq morceaux du fruit d'une espèce de cassia, et par une perle de verre verte. Il y a vers la pointe d'une des cornes un trou commencé. La plupart des cornes ont à la racine d'anciens trous usés, à côté de celui où passe le cordon.

 Longueur du collier . . . . . 50 cM.
 » des cornes . . . de 7.5 à 12 »
 » des morceaux de cassia . 2 »

Zambèze. Porté par les hommes.

Figure 4 ; ⅓.

Collier formé de 17 petites cornes d'antilope percées à la racine et enfilées à un cordon. Une corne a un trou, une autre un commencement de trou vers la pointe.

 Longueur du collier. . . . . . 52 cM.
 » des cornes . . de 6 à 12.5 »

Zambèze. Porté par les hommes.

Figure 5 ; ⅓.

Collier fait d'un grand nombre de plaques rectangulaires d'un bois noir enfilées à un cordon. Ce bois, que les descriptions déclarent avoir une odeur délicieuse, possède aux yeux des noirs une vertu curative.

 Longueur du collier. . . . . . 52 cM.
 » des morceaux de bois . 2 »
 Largeur » » » » . 0.4 »
 Épaisseur » » » » . 0.1 »

Zambèze. Porté par les hommes.

Figure 6 ; ⅓.

Bracelet fait de 18 poils de queue d'éléphant attachés d'un fil de coton blanc; un des bouts enfoncé dans l'autre.

 Longueur des poils déployés. . . 36 cM.
 Diamètre du bracelet . . . . . 10.5 »

Zambèze. Fétiche, porté à l'avant-bras par les femmes.

Figure 7 : ¼. J. Z. B.

Bâton-fétiche en bois noir représentant un être humain, sans pieds, les bras allongés le long du corps, les yeux et la bouche indiqués par des incisions, les oreilles et le nez par des reliefs peu marqués; sur la tête, un pommeau formé de deux cornes à base commune. Le dessin qui représente cet objet se trouvait déjà sur notre planche lorsque l'on s'est aperçu que ce bâton provient de l'Afrique occidentale (Angola).

 Longueur. . . . . 34 cM.

Figure 8 : ½.

Cavalier en bois sculpté, d'une seule pièce. Les prunelles, les sourcils, le collier de barbe et la chevelure du cavalier sont noircis; de même, sauf sous les pieds et à l'intérieur des oreilles, l'animal qui le porte, et qui est du sexe mâle. Le chapeau du cavalier a une fois possédé un large bord, cassé depuis. Les bras et les mains sont séparés du corps.

 Hauteur . . . . 22 cM.

Objet de fantaisie fabriqué dans l'île de Chiloane, située entre Inhambane et Sofalla.

Figure 9 : ½.

Flûte sans anche, faite d'un morceau de bois noir percé cylindriquement de part en part, s'élargissant coniquement à son extrémité, et presque entièrement enveloppé d'un nattage, du type B, de rotan rendu noir brillant.

 Longueur . . . . 16 cM.
 Diamètre de l'ouverture supérieure. 1.5 »
 » » » intérieure. 0.4 »

Zambèze. Sert aux fêtes du soir (ouethoes). On en joue aussi pendant les voyages des blancs.

Figure 10 : ½. J. Z. B.

Tambour fait d'un morceau de bois creusé en cuvette et placé sur un pied coniquement évasé par en bas. La peau est tendue par dessus au moyen de grandes chevilles de bois qui la clouent sur les côtés; elle est sans poils, sauf sur le pourtour, où elle est rabattue et où elle a des poils noirs et bruns. Sur le pourtour, une bande de cuir passe alternativement au-dessus et au dessous des chevilles: les deux bouts en sont noués ensemble. On a ménagé en taillant la paroi extérieure une saillie haute de quatre centimètres, percée d'un trou. Le pied est creusé en cuvette et son vide communique avec celui du tambour par une ouverture large d'un centimètre et demi au fond de ce dernier.

Hauteur.	54	cM.
Diamètre de la peau	34	»
Circonférence maximum	97	»
Hauteur du pied.	17,5	»
Diamètre » » en bas	20	»
Épaisseur de la paroi du pied de 2 à 2,5		»

Figure 11 : ¹/₆.

Tambour de la forme d'un baril, creusé dans un morceau de bois léger, tendu, au-dessus de l'ouverture supérieure, d'un morceau de peau de serpent, cloué au moyen de petites chevilles de bois. Circulairement autour du ventre il y a cinq cannelures parallèles, d'où partent des bandes de cannelures semblables, en nombre variable, qui se dirigent obliquement, les unes vers le haut, les autres vers le bas du tambour, et qui laissent entre elles des compartiments pour la plupart triangulaires. L'un d'entre ceux-ci est orné de sculptures en dents de scie, en triangles et en traits. Un compartiment a la forme d'un trapèze et est orné de deux morceaux de fil de laiton, dont on a recourbé à angle droit les extrémités pour les enfoncer dans le bois. En taillant le ventre, on a ménagé à l'extérieur un morceau faisant saillie et l'on y a pratiqué un trou où passe une boucle faite de ficelle. Vers cette saillie, du côté invisible sur le dessin, il y a un trou d'un centimètre et demi d'ouverture, dans lequel on a assujetti avec de la résine noire un petit cylindre de roseau, que l'on a coupé au ras de la paroi. Par en bas, le tambour a un rebord taillé en biseau et une ouverture de 8 cM. de diamètre, continuée jusqu'à 9 cM. de hauteur, pour s'élargir considérablement ensuite.

Hauteur	28	cM.
Circonférence maximum	76	»
Diamètre au haut	18	»
» en bas	24	»

Zambèze. Sert dans les fêtes et aussi à la guerre. On le frappe de la main, sans baguettes.

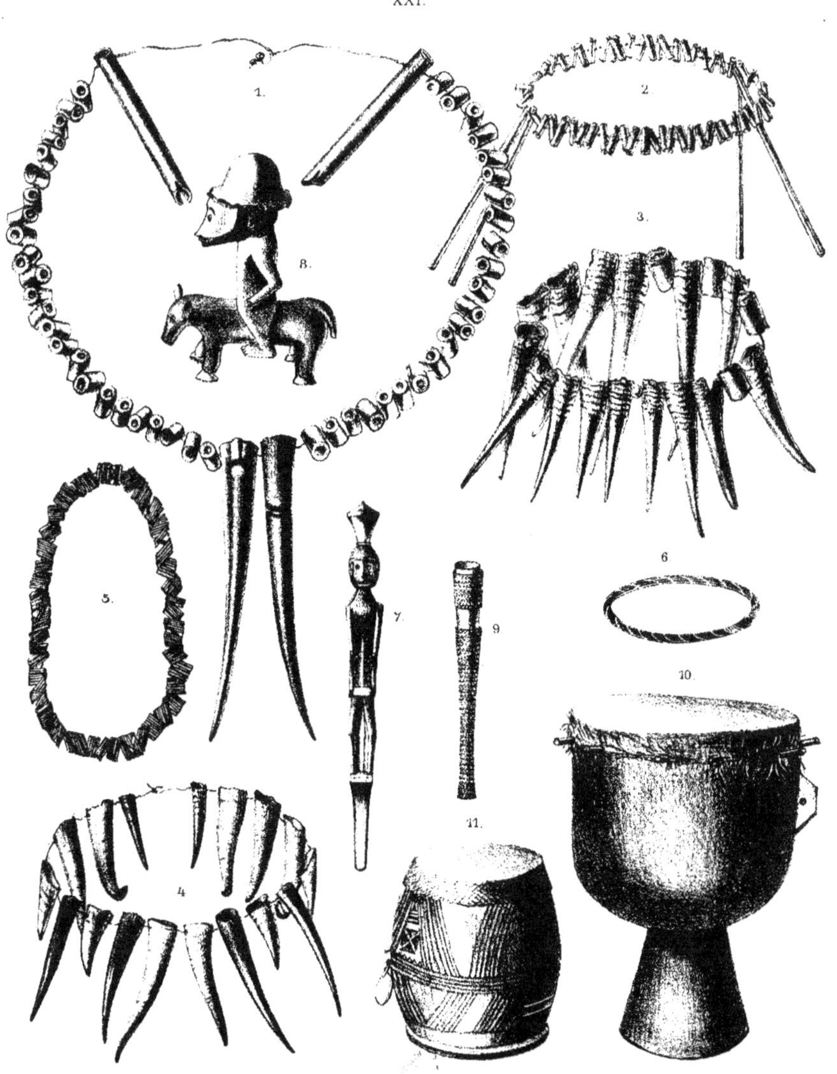

XXI.

PLANCHE XXII.

Figure 1; 1/3.

Collier fait de dix paires de griffes de lion de différentes grandeurs, attachées deux à deux ensemble, racine contre racine, au moyen de ficelle tressée, et suspendues à un cordon. Par places la tresse de ficelle est enduite d'une couche de résine.

Longueur. . . . . 70 cM.

Landines. Fait partie de la toilette de guerre avec le tablier de pl. XVI, fig. 7 et la coiffure de pl. XVII, fig. 1.

Figure 2: 1/3.

Collier fait d'un grand nombre de grains en laiton enfilés à un cordon, de la forme de deux cônes à base commune. Une annexe du dessin fait voir la forme de ces grains.

Longueur du collier mis en double . 67 cM.

Zambèze.

Figure 3: 1/3. M. E. L.

Collier de 52 dents d'animaux divers, enfilées à un triple cordon. Chaque paire de dents est séparée des paires voisines par de trois à neuf perles de verre bleu foncé et bleu clair, enfilées aux mêmes cordons. Une petite courroie de 10 cM. est assujettie à l'un des bouts.

Longueur, sans la courroie . . . 30 cM.

Inhambane

Figure 4: 1/2.

Bracelet d'argent pour enfant, non fermé, les deux extrémités recourbées l'une contre l'autre: tout autour, une rangée d'étoiles repoussées.

Largeur . . . . 0,7 cM.
Diamètre. . . . . 4,5 »

Zambèze.

Figure 5: 1/3.

Anneau scié à une défense d'éléphant pour en faire un bracelet.

Diamètre extérieur . . . . 9,5 cM.
Largeur . . . . 2 »
Épaisseur . . . . 1 »

Zambèze.

Figure 6: 1/2.

Bague de laiton, ornée de trois lignes granulées circulaires.

Diamètre . . . . 2 cM.
Largeur . . . . 1 »

Zambèze.

Figure 7: 1/2.

Bague d'argent, formée de deux anneaux, faits chacun de deux fils tordus; les deux anneaux sont superposés et on les a soudés en un point de la circonférence.

Diamètre . . . . 2 cM.

Zambèze.

Figure 8: 1/2.

Bague d'or, formée d'un anneau uni, recouvert sur toute sa largeur d'un nattage de quatre fils entrelacés d'après le type B, chaque fil tordu comme les cordes. Le nattage se termine en haut et en bas par une mince bordure granulée. Un châton en forme de lozange est formé de cinq rangs de cinq petites boules, et dépasse un peu le bord de l'anneau de chaque côté.

Diamètre . . . . 2 cM.
Largeur . . . . 0,9 »

Zambèze. Le musée royal d'ethnographie de Copenhague possède une bague analogue, sans rebord, provenant des anciennes possessions danoises sur la Côte d'Or (Catal. de 1886, p. 47).

Figure 9: 1/2.

Pendant d'oreille en filigrane d'argent: rosette à laquelle pend une breloque de la forme d'un battant de cloche. Derrière la rosette, un crochet.

Longueur. . . . . 6,5 cM.

Zambèze. L'argent a été importé.

Figure 10: 1/4.

Calebasse ronde, plate, de même genre que la suivante, sauf qu'il n'y a pas de ciselures sur la paroi extérieure, qui, en revanche, a deux ouvertures en face l'une de l'autre, mesurant 2,5 × 3 cM.

Dans la calebasse est déposé l'instrument de musique appelé sansa. Il consiste en un bloc de bois formant trapèze, plus épais à l'extrémité large qu'à l'étroite. Cette extrémité plus large que l'autre est creusée sur une longueur de 9,5 cM., de façon à laisser aux parois une épaisseur de 0,5 à 1 cM. A l'autre extrémité, 15 lamelles élastiques de fer sont couchées, retenues par deux barreaux de fer, l'un passant par dessus, l'autre par dessous ces barreaux, qui sont fixés au bloc au moyen de fil de laiton; l'extrémité libre des lamelles est arrondie et légèrement recourbée en haut. Au-dessus du creu de la partie large du bloc de bois est attachée au moyen d'une ficelle une plaque carrée de fer blanc, dont les bords sont repliés vers en bas, avec 24 trous régulièrement distribués à la surface: ces trous servent à fixer sur la plaque des coquillages plats au moyen de ficelles et de grains de verre. Par dessous, le bloc est orné de six petits clous de laiton arrangés en croix.

Quand on veut jouer de la sansa, on la dépose dans la calebasse comme le fait voir notre dessin: l'exécutant la place devant lui, la plaque de fer blanc de son côté; il met ses deux petits doigts dans les ouvertures carrées de droite et de gauche, et pince les lamelles ou touches de fer avec ses pouces. Tant la calebasse que le creu du bloc de bois augmentent la raisonnance, et la plaque de fer blanc produit des vibrations plaintives qui accompagnent chaque son produit. Il ne s'agit ici d'aucune succession régulière de sons comme ceux qui sont dérivés de notre gamme diatonique; les touches sont disposées, semble-t-il, tout à fait au hasard des tons qu'elles produisent, et qui d'ailleurs s'élèvent ou s'abaissent pour peu qu'en poussant les touches sous les barreaux qui les retiennent, on les raccourcisse ou les allonge.

Une autre sansa, qui n'est pas représentée sur notre planche et qui se rencontre aussi dans le Sud-Est de l'Afrique, a deux claviers, un inférieur, avec 11 touches, et un supérieur, avec 6 touches, plus courtes que les autres et plus recourbées par le bout (Cp. aussi Veth's reizen in Angola, p. 360). Le musée de Copenhague possède des instruments de ce genre provenant des anciennes possessions danoises sur la Côte d'Or: les uns ont la calebasse, les autres pas; la calebasse n'est pas ornée de coquillages (Catalogue, p. 45.)

Circonférence maximum de la calebasse 89 cM.
Diamètre de l'ouverture » de 21,5 à 24 »
Longueur de la boucle du fond. . . 14,5 »
Longueur du bloc de bois. . . . . 20 »
Côtés courts » » . . 11,5 et 14 »
Épaisseur » . . . de 2 à 3,5 »
Longueur des touches . . . de 9,5 à 13,5 »
Longueur de la plaque. . . . . . 11 »
Largeur » . . . . 7,5 »

Zambèze.

Figure 11: 1/4. N. A. M.

Calebasse ronde, plate, destinée à recevoir une sansa: une des surfaces plates du fruit a été enlevée, et l'on a bordé l'ouverture faite ainsi avec du jonc tendu, puis tressé quadrangulairement. En dessous de cette bordure, on voit en dehors de la calebasse et tout autour une rangée de coquillages plats, qui y sont retenus par une ficelle qui les traverse, arrêtée au bout extérieur au moyen de deux perles de verre noires, et attachée de l'autre côté de la paroi de la calebasse, qu'elle traverse aussi. Plus bas, il y a une double rangée de figures sculptées, puis brûlées : la première se compose d'octogones, et la seconde de traits obliques, parallèles les uns aux autres : des bandes ornées d'une manière analogue partent de cette première bande et convergent vers le centre inférieur de la calebasse. Cela forme 8 compartiments, dont deux, de face, sont ornés chacun d'un crocodile, et un troisième, entre ces deux, d'une rosette, ces figures faites au feu : une seconde rosette semblable orne un des compartiments de l'autre côté. Le fond est orné en dehors de cinq bandes concentriques analogues aux autres, et il porte à son centre une boucle de ficelle.

Hauteur	16 cM.
Diamètre	32 »

Inhambane.

Figure 12 ; 1/2. N. A. M.

Hochet, consistant en une plaque quadrangulaire rectangle de tôle de fer, dont les deux coins inférieurs sont arrondis et qui est percée de trous où sont suspendues au moyen d'un fil de coton des grappes, chacune de trois perles de verre rouges. L'instrument est suspendu à une bretelle composée de six fils de coton marbré bleu et blanc.

Largeur	13,5 cM.
Largeur	6,5 »
Longueur de la bretelle	13,5 »

Inhambane.

Figure 13 ; 1/3.

Calebasse ovale servant de hochet : elle renferme de petites pierres ou autres objets durs. A l'une des extrémités est une ouverture de 1,2 cM. de diamètre (le dessinateur a représenté à tort un bouchon au-dessus du hochet) : l'ouverture est trop étroite pour laisser passer les objets qui sont à l'intérieur : peut-être sont-ce les semences mêmes du fruit, qui s'y sont desséchées et séparées de leur enveloppe. Une large bande fait le tour de la partie la plus épaisse de la calebasse et est ornée d'un crocodile et de lozanges en hachures, gravés dans l'écorce et noircis. Des bandes plus étroites, longitudinales, partent de cette première et convergent vers les deux extrémités ; celles de la moitié supérieure sont remplies de lignes arrangées en arrêtes de poisson : les autres, alternativement, de lignes croisées et de lignes transversales parallèles.

Longueur	13,5 cM.
Diamètre maximum	6,5 »

Inhambane.

Figure 14 ; 1/3.

Violon du même genre que celui de la fig. 15. Le manche est carré par en haut et fendu là où se trouve le trou de la cheville : au-dessus et au dessous de ce trou il est entouré d'une ligature de rotan, nattage du type B. Une large bande du même type, en rotan noirci, embrasse le haut de la partie ronde du manche, jusqu'au commencement de la partie carrée : cette partie ronde a encore cinq anneaux de laiton, irrégulièrement répartis. Une ficelle grossière sert de corde : elle part de la cheville, passe par la ganse, puis sur le chevalet, s'enroule autour du bout du manche qui dépasse la noix de coco, et retourne à la cheville par le même chemin par lequel elle est venue, formant ainsi deux cordes d'une seule pièce. Le dessous de la noix est percé de 16 trous de 1 à 1,5 cM. d'ouverture, dont un sert à assujettir la ficelle qui retient le chevalet, et dans un autre desquels est fiché un petit bâton enduit de résine pour l'archet et retenu par une ficelle attachée à la base du manche. Pour jouer de cet instrument, on racle les cordes avec l'archet au-dessus de la peau de serpent.

Longueur du violon	61,5	cM.
» » manche	50	»
» de la cheville	16,5	»
Hauteur du coco	10	»
Longueur de l'archet	46	»
» des fibres de l'archet	44	»

Zambèze.

Figures 15 : 1/5. N. A. M.

Violon fait d'une noix de coco, avec un bâton rond pour manche. On a enlevé un couvercle à la noix et on a tendu sur l'ouverture un morceau de peau de serpent, retenu par de petites chevilles de bois enfoncées dans l'écorce de la noix. Le fruit a été taillé en sphère irrégulière par dessous. Par une de ses extrémités le manche traverse la noix de part en part ; à l'autre bout il est percé d'un trou destiné à l'unique cheville de l'instrument. La corde, qui est faite d'un mince rotan, part de la cheville, après s'y être enroulée plusieurs fois, et aboutit à l'extrémité du manche qui dépasse la noix de coco ; un nœud plat l'y attache : elle passe en s'y appuyant sur le chevalet, petit barreau de bois placé sur la peau de serpent et maintenu par une ficelle qui est attachée au flanc de la noix. Outre la cheville, il y a, pour maintenir la corde tendue, une ficelle formant boucle, qui passe par dessous le manche et par dessus la corde, maintenue en place par une entaille derrière le manche ; il y a plusieurs de ces entailles, ce qui permet de changer la position de la boucle. Le haut du manche est décoré d'un anneau de laiton, sous lequel se trouvent des cannelures circulaires noires, aboutissant à une cannelure semblable en spirale. Du côté droit de la noix se trouve de la résine pour l'archet. Celui-ci est un bâton cylindrique courbé en forme d'arc de cercle et tendu de fibres végétales, qui en forment la corde. Pour y assujettir ces fibres, on les a fait passer par un trou à l'une des extrémités de l'archet, les retenant au moyen d'un nœud de chaque côté du trou ; à l'autre bout, on les a simplement enroulées autour de l'archet.

Longueur du violon	63	cM.
» du manche	49,5	»
» de la cheville	9	»
» du chevallet	2,5	»
Largeur » »	0,6	»
Hauteur du coco	10,5	»
Longueur de l'archet	38,5	»
» des fibres	32 5	»

Inhambane.

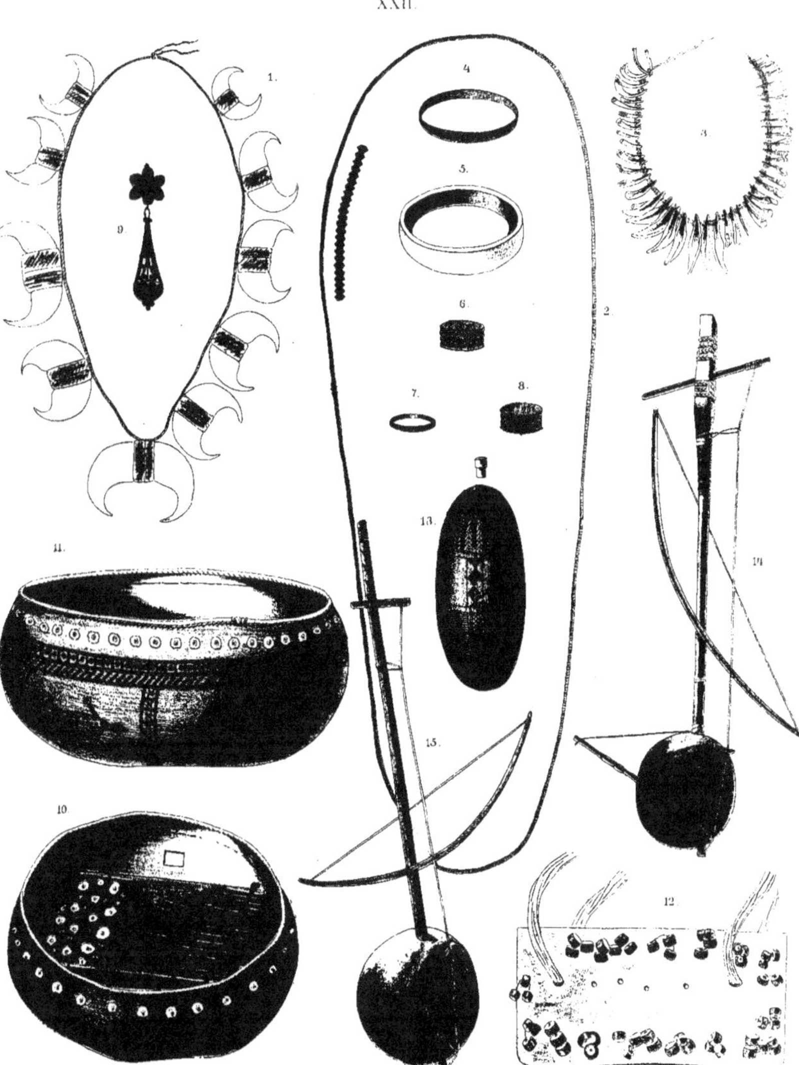

HENDRIK P. N. MULLER ET JOH. F. SNELLEMAN, L'industrie des Cafres dans le Sud Est de l'Afrique.

PLANCHE XXIII.

Figure 1 : ¹/₆. J. Z. R.

Tambour conique, fait d'un bloc de bois si irrégulièrement creusé que par en bas la paroi a une épaisseur de 3,5 cM. d'un côté, pour arriver à presque rien de l'autre côté, et même manquer complètement en un endroit. Au dessus de l'ouverture supérieure un morceau de peau est maintenu tendu au moyen de grosses chevilles de bois: d'un côté cette peau se prolonge et fait boucle. Un bourrelet court autour de l'instrument à une hauteur de 14,5 cM.

    Hauteur . . . . 52 cM.
    Diamètre supérieur . . . . . . 25,5 »
        »   intérieur . . . . . 9,5 »
    Longueur de la boucle . . . . 18 »
Zambèze. Senna.

Figure 2 : ¹/₆.

Tambour cylindrique en bois dur, avec quatre pieds formant une seule pièce avec le tambour: tendu de peau de serpent, retenue par de petites chevilles de bois. Sept entailles circulaires divisent le corps du tambour en bandes, remplies de triangles alternativement emplis de hachures et vides. On a ménagé aux ⁴/₅ de la hauteur une saillie percée d'un trou, par où passe une corde attachée par l'autre bout à l'un des pieds. Dans la partie inférieure est un trou de 3,5 de diamètre, dans lequel se trouve un bout de roseau.

    Hauteur . . . . 46 cM.
    Diamètre . . . . 24 »
    Hauteur des pieds . . . . 15 »
Zambèze.

Figure 3 : ¹/₆.

Tambour conique, fait d'un seul bloc de bois, que l'on a percé. On a enlevé en bas quatre morceaux triangulaires de la paroi, laissant ainsi quatre pieds: comme ils ne sont pas de même longueur, le tambour n'est pas d'aplomb. La peau est attachée au moyen de grandes chevilles, dont quelques-unes sont si longues qu'elles pénètrent jusqu'à l'axe du creu intérieur. Une courroie entoure le haut de l'instrument, passée alternativement par dessus et par dessous les chevilles.

    Hauteur . . . . de 15 à 18 cM.
    Diamètre supérieur . . . . . . 13 »
Zambèze. On l'emporte en voyage.

Figure 4 : ¹/₆.

Tambour conique, fait d'un bloc de bois dur, que l'on a percé: tendu d'un morceau de peau où il est resté quelques poils roux et qui est retenu par de grosses chevilles. A la mi-hauteur il y a une saillie, avec un trou fait au feu.

    Hauteur . . . . 50 cM.
    Diamètre supérieur . . . . . . 18,5 »
        »   intérieur . . . . . 16 »
    Epaisseur de la paroi . . de 0,7 à 1 »
Zambèze.

Figure 5 : ¹/₆.

Tambour cylindrique en bois tendre, avec trois pieds de la même pièce, s'écartant fortement les uns des autres, entre lesquels le bas du tambour se prolonge comme un sac. Trois cannelures circulaires forment une ceinture autour du corps cylindrique du tambour, le divisant en deux parties ornées de triangles alternativement vides et remplis de hachures. En bas une bordure de traits sculptés dans le bois termine cette décoration. On a sculpté sur la surface extérieure des pieds les triangles et des lignes transversales et longitudinales. Au bas de la partie qui fait sac, il y a dans un trou un

morceau de roseau qui dépasse un peu en dehors, et dans lequel se trouvent les restes d'une membrane qui l'a une fois fermé, probablement pour produire la résonnance. Sur le tambour un morceau de peau est tendu au moyen de petits clous à tapis. Une saillie, ménagée au haut de la paroi et percée d'un trou fait en brûlant, laisse passer un cordon, dont les deux bouts réunis sont noués derrière un trou semblable pratiqué au bas d'un des pieds.

    Hauteur . . . . 47 cM.
    Diamètre supérieur . . . . . . 30 »
    Longueur des pieds . . . . . . 16 »
    Diamètre du roseau . . . . . . 3 »
Zambèze.

Figure 6 : ¹/₆.

Tambour en bois tendre, conique la base en bas, avec quatre pieds faisant corps avec lui et continuant la paroi, qui a été enlevée entre eux. Le fond du tambour a la forme d'une pyramide à quatre faces renversée, dont les arrêtes correspondent avec les quatre pieds et qui descend comme un sac entre ces derniers. Ce fond est percé comme au tambour de la figure 5: la membrane, qui est restée entière, est tendue au dessus du cylindre de roseau. La surface extérieure du tambour et des pieds est ornée de lozanges, d'hexagones et de triangles irréguliers, sculptés dans le bois, les triangles noircis au feu. Une saillie ménagée dans le bois aux ³/₄ de la hauteur retient un cordon attaché comme celui de la figure 5. La peau est retenue au moyen de chevilles en bois dur et a sur les bords des poils blanc-grisâtre.

    Hauteur . . . . 48 cM.
    Diamètre supérieur . . . . . . 24 »
    Circonférence maximum . . . . . 94 »
    Diamètre du roseau . . . . . . 3,5 »
Zambèze.

Figure 7 : ¹/₆.

Tambour à peu près cylindrique, fait d'un bloc de bois dur, que l'on a percé. En bas la paroi extérieure recule tout à coup, laissant une sorte de pied circulaire de 2,5 cM. de hauteur. Cela n'a pas d'influence sur la forme intérieure, où le creu se rétrécit coniquement un peu en descendant. On a sculpté à la surface extérieure des lignes en zigzag, dont les unes se prolongent sur tout le pourtour, et les autres sont interrompues par places. Par endroits on a incrusté des morceaux de fil de laiton, tantôt par manière d'ornement, tantôt pour parer à des fentes dans le bois. A la mi-hauteur il y a une ouverture ronde, large de 1,5 cM. Le tambour est tendu d'un morceau de peau de serpent retenue par des chevilles de bois.

    Hauteur . . . . 29 cM.
    Diamètre supérieur . . . . . . 17 »
    Circonférence maximum . . . . . 64 »
Zambèze.

Figure 8 : ¹/₆.

Tambour conique, la base en haut, fait d'une calebasse dont on a enlevé les deux bouts. Sur la plus grande ouverture est tendu un morceau de peau retenu par de petites chevilles de bois, et couvert de poils sur les bords. La surface extérieure est couverte de protubérances. Un peu plus haut que la moitié, il y a une ouverture ronde, large de 2 cM.

    Hauteur . . . . 26 cM.
    Diamètre supérieur . . . . . . 14,5 »
        »   intérieur . . . . . 5,5 »
    Epaisseur de la paroi . . . . . 0,5 »
Zambèze. Un tambour en calebasse est une rareté.

Figure 9 : 1/6.

Marimba, instrument de musique. Un cadre fait d'un morceau de bois recourbé, de façon à ce que le quatrième côté manque, porte une latte transversale, terminée à chaque bout par deux chevilles, qui s'adaptent à deux trous faits au feu dans chacun des deux courts montants du cadre : ces derniers sont couverts d'entailles par devant. Quatre lattes transversales, couvertes d'entailles par devant aux deux bouts, sont fixées à la première au moyen d'écorce d'arbre. Elles sont percées de trous, où passent et sont soutenues deux courroies tendues entre les deux courts montants du cadre. Ces courroies tiennent suspendues dix touches de bois dur, lourd, ressemblant à des douves de tonneau, unies par devant, grossièrement travaillées par derrière, légèrement concaves par devant, chacune percée au feu d'un trou carré où passent de petites courroies qui l'attachent à une des deux grandes. Les touches sont rangées deux à deux, avec une latte transversale entre chaque paire : elles pendent librement sans toucher, soit leurs voisines, soit les lattes transversales, soit la grande latte du fond. Dans cette dernière il y a, sous chaque touche, une ouverture carrée, garnie de poix de façon à la rendre ronde, qui correspond à l'ouverture d'un fruit vidé, rond, à dure écorce, placé dessous pour augmenter la résonnance. Il y a donc dix de ces boules, et elles diminuent de grandeur en suivant la même dégradation que les touches auxquelles elles répondent, chacune produisant un son plus élevé que la précédente ; chaque boule a en outre, dans la partie tournée vers le grand côté du cadre, un trou rond, de 1 cM. de diamètre, prolongé avec de la poix sous forme d'un court tuyau : le trou est fermé d'un mince morceau de baudruche et protégé par un anneau fait de l'écorce des mêmes fruits que les boules, lequel entoure l'orifice et y est fixé avec de la poix. Pour jouer de l'instrument, on frappe les touches avec deux baguettes terminées par une pomme qui n'est autre qu'un peloton fait d'un fil de gutta percha enroulé, puis enduit de poix ; on obtient des dix touches successives dix sons qui forment, pas très juste, la gamme de ré majeur commençant au ré sous la portée, et prolongée en haut jusqu'au fa dièze : la peau de baudruche tendue en travers de l'orifice de la boule de résonnance donne au son produit un timbre fortement nasal. Un cordon, fait d'une bande de cuir tordue, est attaché au bout de chacun des deux montants courts, et sert à suspendre l'instrument.

Longueur de l'instrument . . .	74	cM.
Largeur » . . .	42	»
» de la latte inférieure . .	5	»
Epaisseur » » . .	2,5	»
Longueur des touches	31	»
Largeur » . . de	4 à 6	»
Epaisseur » . de	1,8 à 2,5	»
Diamètre moyen des boules . . .	6,5	»
Longueur des baguettes	29,5	»

Inhambane et Zambèze.

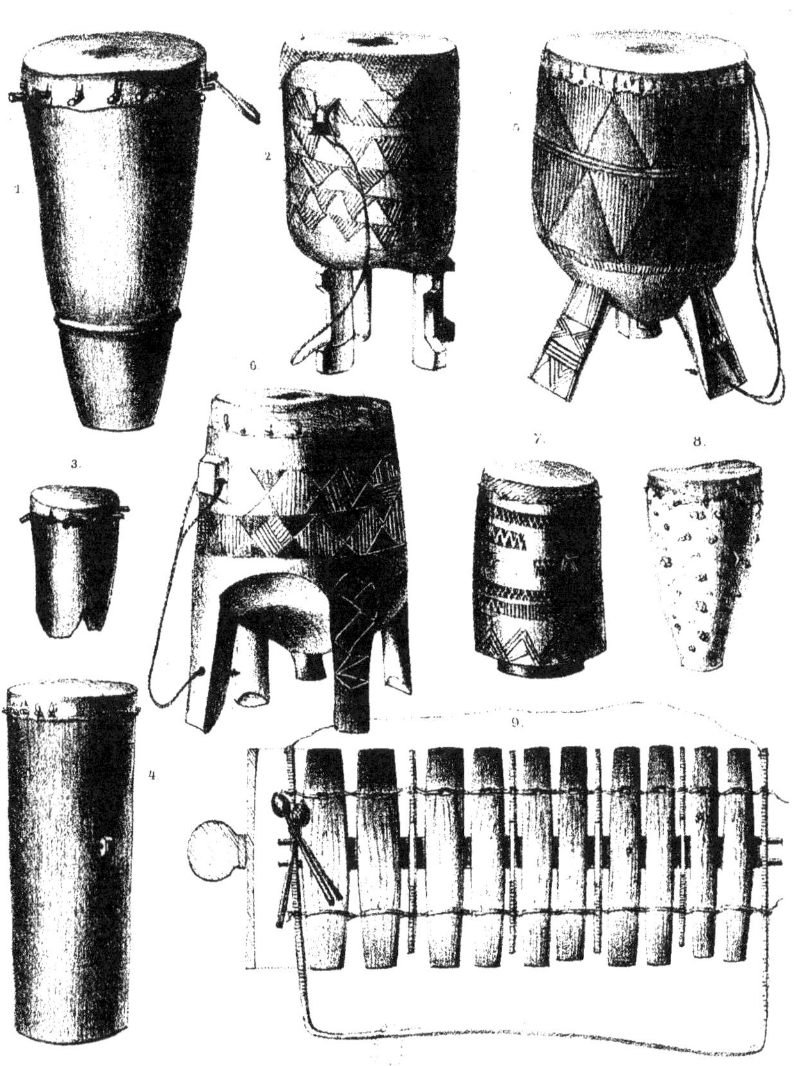

PLANCHE XXIV.

Figure 1; ⅓.

Tapis de table en perles de verre réunies par des fils, doublé d'un morceau de toile de coton grise auquel il est cousu de distance en distance. La doublure ne s'étend pas sous la bordure qui fait le tour du tapis. Le dessin représente un coin de ce tapis mesurant 34 cM. de côté dans les deux sens: le tapis entier sans la bordure a une superficie d'environ 12,322 cM. ☐, et comme chaque centimètre carré a environ 48 perles, cela fait pour le tapis entier, indépendamment de la bordure, près de 600,000 grains de verre.

    Longueur, bordure comprise . . . 160 cM.
    Largeur   "   " . . . 139 "
    "   de la bordure. . . . . 19 "

Zambèze. Fait pour être vendu aux Européens.

Figure 2; ⅓.

Tapis de table de même genre de fabrication que celui de la fig. 1.
    Longueur. . . . . 88 cM.
    Largeur . . . . 68 "
    "   de la frange . . . . . 8 "

Zambèze. Fait pour être vendu aux Européens.

Figure 3; ½.

Blague à tabac en satin, de fabrique européenne, recouvert dans l'Afrique orientale d'une broderie en verroterie.
    Hauteur de l'ouvrage en perles. . 14,5 cM.
    Largeur "   "   " . . 17,5 "

Zambèze.

Figure 4; ⅓.

Sac de voyage en paille de 0,3 cM. de largeur tressée, formé de deux sacs qui s'emboîtent l'un dans l'autre: tous deux sont à doubles parois et ont dans les deux parois extérieures une fente qui donne accès à l'espace compris entre les deux parois d'un même côté.
    Hauteur . . . . 42 cM.
    Largeur . . . . 37 "

Zambèze.

Figure 5; ½.

Étui à cigares en paille tressée, composé de deux étuis qui s'emboîtent l'un dans l'autre, tous deux revêtus de grains de verre de couleur.
    Hauteur, fermé . . . . 9,5 cM.
    Largeur. . . . . 10 "

Zambèze.

Figure 6; ½.

Étui à cigares du même genre que le précédent. La paille est tressée de façon à dessiner à l'intérieur des étuis des raies et des lozanges élégants.
    Hauteur, fermé. . . . . . . 12 cM.
    Largeur . . . . 8 "

Zambèze.

Figure 7; ½.

Porte-plume européen, recouvert dans l'Afrique orientale de grains de verre, et orné d'un gland fait aussi de grains.
Chiloane.

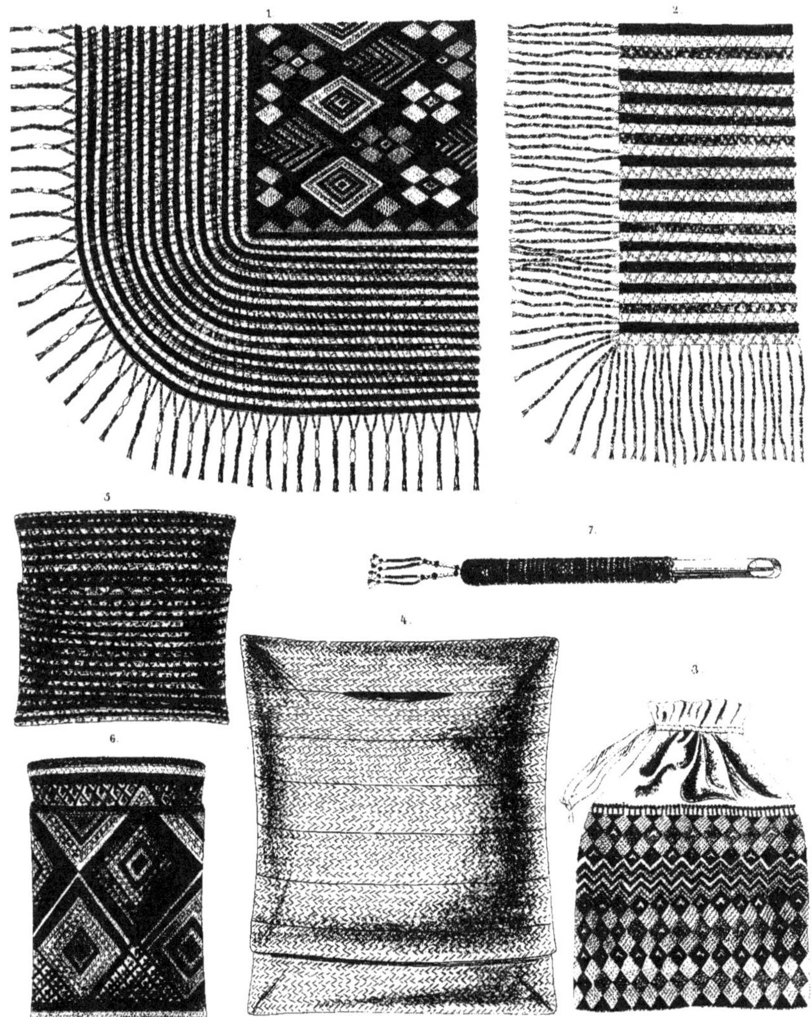

HENDRIK P. N. MULLER ET JOH. F. SNELLEMAN. L'industrie des Cafres dans le Sud-Est de l'Afrique.

HENDRIK P. N. MULLER ET JOH. F. SNELLEMAN, L'industrie des Caffres dans le Sud Est de l'Afrique.

PLANCHE XXVI.

Figure 1.

Hutte de noirs.
Inhambane.

Figure 2.

Hutte de noirs.
Lorenço-Marques.

Figure 3.

Hutte de noirs. L'entrée, unique ouverture de la hutte, n'est guère
plus grande que celle de la niche d'un grand chien.
Natal.

1.

2.

3.

HENDRIK P. N. MULLER ET JOH. F. SNELLEMAN, L'industrie des Cafres dans le Sud-Est de l'Afrique.

PLANCHE XXVII.

Figure 1; 1/2.

Manière d'empenner les flèches. On voit sur notre dessin, premièrement la première ligature servant à attacher la plume au fût; ensuite, la plume ayant été recourbée vers le bas, la seconde ligature. En outre on a représenté le morceau de bois que l'on insinue dans le fût des flèches en roseau, et dans la coche duquel s'adapte la corde de l'arc.

Figure 1'.

Esquisse d'un poignard dans sa gaine vu de profil, montrant comment les deux moitiés de la gaine sont assemblées, quelle est la position et la forme de l'embrasse qui se trouve sur la moitié antérieure, et comment est conformé le pied en bec.

Figure 2; 1/5. N. A. M.

Ceinture en fil de coton bleu, tressé en forme d'arrêtes de poisson, à coupe carrée.

Inhambane. Mise en œuvre indigène de fil de coton importé.

Figure 3. A. B. C. D.

Quatre types de tressage du fil de laiton, de cuivre ou de fer.

Figure 4; 1/5. N. A. M.

Serrure en bois telle que l'emploient les noirs de Surinam, à comparer avec celle d'Inhambane, représentée pl. XV. fig. 7.

Figure 5.

Coupe d'un fer de lance ou d'une lame de poignard en fer corrugé.

Figure 6: 1/4. N. A. M.

Tabouret pour la nuque représentant un rhinocéros (rhin. bicornis). Travail et couleur du genre du tabouret de la figure 7.

Maraba-stad, dans le Nord-Est du Transvaal: parvenu du Sud-Est de l'Afrique en Europe.

Figure 7: 1/4. N. A. M.

Tabouret pour la nuque représentant un éléphant, dont on a noirci les pieds, la queue et la bouche. La tablette destinée à la nuque est placée au milieu du dos et, comme une selle, retenue par une sangle noire.

Même provenance que le précédent.

Figure 8: 1/4. N. A. M.

Image d'homme, en bois, debout, les bras le long du corps, les doigts des mains serrés; le cou, la barbe, les cheveux et les poignets noirs; mouchoir bariolé servant de ceinture de décence.

Même provenance que les deux précédents.

Figure 9: 1/4. N. A. M.

Image de femme, semblable, sauf la barbe, à celle d'homme.

Même provenance que les précédents.

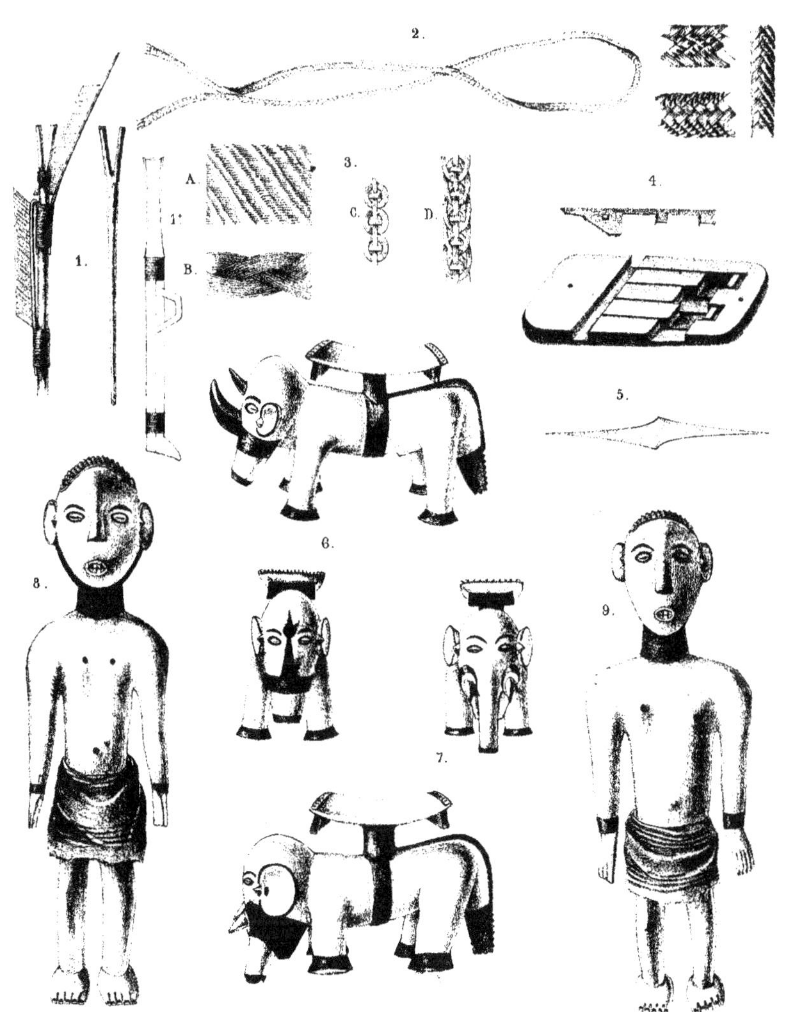

HENDRIK P. N. MULLER ET JOH. F. SNELLEMAN. L'industrie des Caffres dans le Sud-Est de l'Afrique.